中国事业单位：

基于民事主体视角的研究

景朝阳◎著

A STUDY ON CHINESE PUBLIC
INSTITUTIONS
THROUGH THE PERSPECTIVE OF CIVIL
SUBJECT

社会科学文献出版社
SOCIAL SCIENCES ACADEMIC PRESS (CHINA)

序　事业单位改革的法律维度

事业单位在中国是计划经济的产物，随着市场化改革的深入，事业单位的改革也在加快进行，其主要目标是去行政化，让事业单位不受政府行政化弊病的影响，从而使其遵循自身的专业规律。不过，事业单位改革举步维艰，走走停停，一直没有走出关键的几步，远远落后于中国市场经济的发展。其原因很复杂，从法律的角度来说，包括事业单位法律地位与实际地位脱节，法律地位无法适应计划经济向市场经济的转轨，目前的财政体制无法支撑事业单位的法律地位等。

中国事业单位实际定位非常清晰，是党政单位、企业单位之外的第三种重要单位，但在法律技术层面非常模糊。从实际角度来说，计划经济时代，事业单位是国家提供公共服务的组织，是单位的一种。但事业单位在法律上没有准确的内涵和外延，只是在财政预算和编制管理上有准确的定义。改革开放之后，事业单位的定位发生了重大变化，现在事业单位基本上是新型公共服务主体，现有事业单位在法律上的特征有四个：公益性、国家举办、公共服务行业和资产来源于国有资产。这些特征需要在法律上进行明确，并进一步清晰化。

使事业单位法律性质明晰化，需要重新思考事业单位的法人登记管理制度。这方面应有别于企业单位，目前企业需要工商登记，事业单位也需要登记，但作为区别于企业单位的事业单位，其登记制度不是绝对必要的，其登记不同于工商登记，也不同于民间组织的登记，其举办主体唯一而非多元，所以事业单位登记制度完全可以改为备案制度。

从实际情况来看，现在的事业单位比较复杂，有些是政府机构，有些是企业单位。所以，事业单位必须实施分类改革。因此，需要从法律上梳理事业单位的法人属性。从国际上来说，中国属于大陆法系的大家庭，大陆法系国家一般沿用罗马法的传统，把法人分为公法人与私法人、社团法人与财团法人、营利法人与非营利法人等。这套法人分类方法延续那么久，说明其有很强的科学性。中国现行《民法通则》的法人分类方法没有沿用这套分类方法，已经不能适应形势的需要，建议未来的中国民法典的法人分类应该有公法人和私法人的区分，应该有社团法人和财团法人的区分，应该有商事法人（营利法人）和非商事法人的区分。概括起来，就是以公、私法人二元论为基础，以社团法人和财团法人两分法作为私法人的基本分类方法；在社团法人之下具体划分公益法人和营利法人。现行《民法通则》中的事业单位法人类型，应该取消，归入新的法人类型。

就事业单位分类改革的政策层面来说，现在事业单位的行业特色正在日益淡化，其经费来源差异的特色有所凸显，事业单位分为全额拨款、差额拨款、自收自支三种类型。从实际情况来看，全额拨款、差额拨款的公益类是事业单位的主体，是符合事业单位功能定位和自身性质的一类。但其中相当多的事业单位承担政府机关职能，是管理型事业单位，生产经营的企业型事业单位亦不在少数。

对此，作者提出对中国事业单位类型进行基于法学视角的分析，认为目前中国存在的事业单位从法律角度可分为享有公权力的公法人、承担公益职能的公法人两种类型。在此基础上，提出了事业单位改革的六项制度选择：公法人行政机关、公法人财团法人、公法人社团法人、公益性公司、民办非企业单位和商事主体。

从实际情况来看，当前广泛存在的事业单位法人营利性行为，广受诟病，但又没有解决办法。从法律上来说，事业单位属于提供公共服务的法人机构，公益性是中国事业单位法人的法定要求，不能从事商业化的活动，但现实是财政补贴有限，许多事业单位不得不把从事营利性活动，也就是"创收"当作首要工作，这违背了事业单位的法律定性，导致事业单位发展面临很多问题。这个问题，虽然是财政问题，但从法律的角度来说，如何确保全额拨款的事业单位有充足的财政经费来实现其公益性，是必须认真考虑的问题。

这本书是景朝阳根据其博士论文修改而成的，它力图从法律角度，探讨事业单位的历史发展、事业单位的登记制度、事业单位法人类型及其定位等问题，并从法律的角度提出事业单位分类改革的若干制度选择。这些探讨很有学术深度，同时也有很强的现实关怀。对于从法律和政策角度探讨中国事业单位的分类改革问题很有学术价值，也很有现实参考价值，值得大家阅读和进一步思考。

是为序！

毛寿龙

2016 年 11 月 22 日于马尼拉

摘　要

　　事业单位是新中国成立以来形成的特有民事主体制度，事业单位法人是中国《民法通则》所确立的法人类型之一。在国家对事业单位开始进行大规模改革的背景下，本书力图从民法上民事主体制度的视角，对事业单位进行深入研究，认为在社会主义市场经济条件下，应该重新审视事业单位作为主体制度的法律问题，正确引导事业单位的改革，特别关注法人类型的再思考、法人分类模式选择以及事业单位分类改革的法律对策等重大理论和实践问题。

　　本书第一章对事业单位的概念和制度沿革进行了必要的梳理。长时间以来，我们实际上对事业单位的概念把握得不是很准确，尤其是在法律技术的层面相当模糊。"事业单位"一词在中国大陆经过半个多世纪的使用，客观上已经具备了某些独特的固定内涵：所谓"事业"在计划经济体制下就是"事业单位"的活动，人们可以通过"事业单位"来认识"事业"的性质和特点，反过来人们也可以通过"事业"来认识"事业单位"的性质和特点；所谓"单位"一词很多时候被作为"组织"的同义语，作为个人的对应词。但是，"单位"作为法律概念并没有准确的内涵和外延。这些固定见解更多的是代表着财政预算和某种编制性质的身份特性，可以说是计划经济时代和苏联民法学影响的产物。然而，事业单位的规范定义并不是始终一致的，经历了从 20 世纪 60 年代的行业属性、举办主体和经费来源定义三要素，到 80 年代的行业属性定义一要素，再到目前的公益性、举办主体（国家）、经费来源和行业属性定义四要素的转变。现在事业单位作为公共服务机构的公益性已被普遍认为是最重要的特征了。笔者认为现有事业单位的法律特征可以概括为四个方面：公益性、国家举办、公共服务行业、资产来源于国有资产。归纳起来，事业单位作为一类民事主体在概念方面存在的问题主要有：一方面缺乏必要的法律技术特点，内涵外延都存在一定程度的模糊化；另一方面在国际上没有与之完全对应的制度。本章还回溯了事业单位在中国的发展脉络，特别是中国建立市场经济体制以来事业单位发生的变化，这使对事业单位的研究有一个必要的事实判断基础。中国事业单位的制度沿革可以分为三个阶段。第一阶段：中国事业单位制度的确立（1949～1978 年）。新中国成立后，借鉴苏联的管理模式，建立起高度集权的中央计划体制。先后采取了一系列公有化措施，接收了原国民党政府的全部机构，自上而下建立了一系列相应的事业职能机构，直接举办公共事业。第二阶段：中国事业单位的改革（1978～1998 年）。事业单位制度随着改革大潮的涌动也发生了一些以"创收"为主旋律的制度层面的变化，这种变化既有决策层的政策肯定，也有事业单位内部强烈的创收冲动，事业单位出现浓厚的泛商化倾向。第三阶段：中国事业单位制度的规范（1998 年至今）。这个阶段国家开始反思事业单位营利化倾向带来的消极效应，并继企业改革后开始对事业单位进行规范化的改革，构建新型公共服务主体制度体系。

　　第二章阐述事业单位法人登记管理制度。事业单位法人登记是国家对事业单位的设立、变更、注销及对其法人资格进行核准登记，确认其民事主体资格的活动总称。事业单位法人登记的实质在于以法律形式确认事业单位的法人资格。笔者认为，事业单位的登记制度不是绝对必要的。事业单位登记不同于工商登记，也不同于民间组织的登记，其举办主体唯一而非多元，因此主张事业单位登记制度应该改为备案制度。针对有的事业单位既被认定为事业单位法人或者社会团体法人，又被工商行政管理部门认定为企业法人的"双重法人"现象，本章分析了其中的原因和可能存在的利益取向等法律问题。

第三章针对事业单位法人的营利性行为进行了法律分析，认为：事业单位属于提供公共服务的法人机构，公益性是中国事业单位法人的法定要求。中国的事业单位，按照相关法规的规定都是以社会公益为目标的。但是在财政补贴有限、提高职工收入呼声甚高的形势下，许多事业单位不得不把"创收"放在工作的第一位，出现了营利性行为过度化和泛商化现象。中国事业单位的过度营利性行为产生了很大的负面效应：造成了经济与社会秩序的不和谐、社会公益目标价值受到损害、主体角色错位和社会公益与商业利益的冲突。由此导致的法律问题包括：事业单位法人的性质和职能出现了扭曲和偏差，导致公益性目标与商业性目标之矛盾。必须防止公共服务性质的事业单位泛商化的倾向。

第四章阐述事业单位的法律地位：兼论法人分类模式选择。基于对法人分类研究重要性的认识，本章立足完善我国现有的法人分类制度，考察国际上几种通行的法人分类模式，对现有的国内关于法人分类的理论观点进行了比较全面的梳理，并提出关于我国法人分类制度设计模式构建的建议。笔者认为肇始于罗马法的法人分类模式今天仍然有着广阔的适用空间，大陆法系国家绝大多数沿用了自罗马法以来形成的公法人与私法人、社团法人与财团法人、营利法人与非营利法人等的分类模式，事实证明，这些成熟的经过历史检验的法人分类方法有着很强的科学性，体现了很高的立法技术。更重要的是：如上的法人分类模式适应了社会经济发展多元化的需要，因而体现出历久弥新的特征。经过20多年的发展，国内外环境发生了很大的变化，《民法通则》中的法人分类方法已经不足以适应现实的需要，不足以充分发挥法人制度应有的功能，客观的情势需要我们在认真反思的基础上重构中国的法人分类模式。笔者主张，未来的中国民法典的法人分类应该有公法人和私法人的区分，应该有社团法人和财团法人的区分，应该有商事法人（营利法人）和非商事法人的区分。概括起来，就是以公、私法人二元论为基础，以社团法人和财团法人两分法作为私法人的基本分类方法；在社团法人之下具体划分公益法人和营利法人。关于《民法通则》确立的事业单位法人类型，由于已经失去类型化规范的意义，笔者认为应该取消，归入新的法人类型。

第五章探讨事业单位分类改革的法律对策。在计划经济时代，事业单位是一个概念清晰、同质性很强的组织类别。改革开放以后，中国的事业单位出现了越来越强的分化趋势，不同类别的事业单位具有各自不同的法律特点。传统的事业单位主要有三种分类方法。一是根据行业形成的组织类型，判断一个社会组织是否为事业单位，很长时期内是根据其所属行业来判断的。改革开放以后仅仅以行业标准对事业单位进行分类甚至直接定义就显得简单化和形式化了。二是按照事业单位经费来源进行分类，把事业单位分为全额拨款、差额拨款、自收自支三种不同类型。三是按照事业单位职能进行分类，公益类是事业单位的主体，是符合事业单位功能定位和自身性质的一类；然而实际履行政府机关职能的管理型事业单位大量存在，从事生产经营活动的企业型事业单位亦不在少数。笔者提出对中国事业单位类型进行法学视角的分析，认为目前中国存在的事业单位从法律角度可分为享有公权力的公法人、承担公益职能的公法人两种类型。在此基础上，提出事业单位改革的六项制度选择：公法人行政机关、公法人财团法人、公法人社团法人、公益性公司、民办非企业单位和商事主体。

Abstract

Public service unit is a civil subject system of Chinese own. The juridical person of the public service unit is only existing in China. On the background of the formation of public service unit by the country, the paper tries to analyze the public service unit from a vision of civil subject. The author holds that: in the socialism market economy, the legal problem of public service unit system as a main system shall be attached with great importance. The reform and improvement of public service unit shall be standardized, especially when this falls into the category of juridical person.

The first chapter provides background knowledge on the concept and history of public service unit system. For a long time, we actually failed to understand the concept of public service unit very clearly, especially at a level of legal technology. "Public service unit" has been used in China mainland for more than half a century. It has unique fixed understanding, which I think mostly represents the identity specialty of the financial budget and certain kind of workout nature.

It's an outcome of planned economy and the former Soviet Union civil law. As a kind of civil subject, public service unit faces many conceptual problems such as: on one hand, it is lack of necessary legal technology hallmark; on the other hand, it has no counterpart system internationally. The so-called enterprise means the activity of public service unit in the planned economy system. People can know the nature and characteristic of enterprise by the concept of "public service unit" and vice versa. The so-called unit is mostly taken as organization, which is a match word of people. However, "unit" has no accurate connotation and extension as a legal concept. In 1998, the "Temporary Regulation on the Public service unit Registration and Management" defined the public service unit as: the public service unit in this regulation refers to the social service organizations that is set up and managed by the government department or other organizations backed by the state asset for the social benefit in areas as: education, science and technology, culture and health. However, the standard definition of "public service unit" is not consistent. From the definition in the 1960s, which based on the factors like industry nature, the main body of the host and the capital source to the industry nature factor definition in the 1980s, and then the four factors including the public benefit, host (the country), capital source and the nature of industry, the public service unit is obviously taken as a public service institution.

The author holds that: the legal figure of the current public service unit can be divvied into four aspects: commonweal; national host; public service industry and national asset.

This chapter also recalls the development of public service unit in China, especially the changes that public service unit experienced after

China established the planned economy system. By the above review, the research on public service unit can have a necessary basis for the fact judgment.

As to the evolution of public service unit system, the paper holds that the evolution of Chinese public service unit system can be divided into three stages. Firstly, the Establishment of Chinese Public service unit (1949 - 1978): after the founding of New China, it established a highly centralized planned economy system on the reference of the Soviet Union management style. It successively adopted a series of nationalization measures to take over all the institutions of the former Kuomintang government and establish functional intuitions to administrate the public affairs directly. Secondly, the Reform of Chinese Public service unit (1978 - 1998) the reform of public service unit system was driven by the tide of economic reform and the change on the system level that was influenced by the main theme of "making money", which was not only involved with the affirmation of the decision makers but the impulse of the public service units themselves. The public service unit tends to be commercialized. Thirdly, the Standardizing of the Chinese Public service unit System (1998 -), the nation begun to rethink the negative effect brought by the commercialization of the public service unit and conducted reform on the public service unit to make it standardized and establish a new public service system.

The second chapter illustrate on the registration management of the public service unit, which is a authorizing of the establishment, change cancel, and the juridical person qualification of the public service unit by the national government. The nature of the registration is to confirm the qualification of the juridical person. The author holds that the registration system for the public service unit is not absolutely necessary. The registration of public service unit is different from the industrial and commercial registration as well as the registration of civilian organization. It only has one main body instead of many. Thus, the public service unit registration system shall be changed as a recording system designated to the public service unit that is defined as juridical person of the public service unit or the community and the juridical person of the enterprise confirmed by the industrial and commercial administration department. This is a phenomenon of "Double Juridical person". With an analysis of the reason and the scope, it can be involved with legal problems such as interest tropism.

The third chapter makes legal analysis on the profit oriented behaviors of the public service unit juridical person, which holds that: the public service unit is a kind of public service juridical person institution and commonweal is the legally prescribed demand of the Chinese Public service unit juridical person. Chinese public service unit shall serve the society and public according to the related regulations. However, as the financial compensation is limited and the staff is requiring an increase of salary, many public service units have to make "the money making policy" as their primary target. They are over commercialized as a result. Consequently, there are many negative effect: the disharmony between economy and society, the damage of the public benefit value, the wrong doing of the main task and the contradiction between the public benefit and commercial profit. The legal outcome is: the nature and function of the public service unit juridical person are distorted, which results a conflict between the commonweal goal and the commercial interest. Thus, the commercialization of the public service unit, which should serve the interest of the public shall be avoided.

Chapter four deals with the type of the public service unit. In an era of planned economy, public service unit is a very clearly defined organization. After the reform and opening, the public service units in China tend to be stratified. Different kinds of public service units have different legal hallmark. There are three categories traditionally in the public service units. Firstly according to the industry, a social organization is judged if it is an public service unit. For a long time, this criterion is used to divide the public service unit. After the reform and opening, only use industry as a criterion to separate the public service unit seems too simple and formalized. Secondly the public service units are divided according to the capital source. It can be divided as: total budget, balance budget, and non-budget. Thirdly according to the function of the public service units, they can be divided into certain categories. The public benefit category is the mainstream of the public service unit, which matches the function definition and nature; Actually, many public service units plays a role as a government administrator and enterprise manager. The author have analyzed the legal category of Chinese Public service unit and got a conclusion that the current Chinese public service unit can be divided into three categories: the public juridical person who has public right, the public juridical person who serves the public benefit cause, and the private juridical person who serves the commercial interest.

Chapter five illustrates the legal position of the public service unit and the category mode selection of the juridical person. Based on the knowledge of the importance of a research on the category analysis, the chapter reviews several juridical person category mode selections in the world on the basis of the improvement of the current juridical person classification system and compares the different ideas of the juridical person classification in China. The author also holds that the establishment of juridical person classification system mode is the legal representation of the social organization. The different social organization is the specific content of juridical person. Due to the difference of the social system and the difference on the legislation and theory of juridical person in the world, the juridical person has different classification criterion and method.

The book holds that the juridical person classification mode of ancient Rome is still widely used today. The continental legal system countries mostly inherit the Rome mode such as: public juridical person, private juridical person, community and syndicate juridical person, profit and non-profit juridical person. It is proved that these mature way of juridical person classification are proved by the history that they are very scientific and sophisticated in the legislation technology. What's more important: if the juridical person classification can meet the need of the social and economic development, it can have successful performance. With 20 years of development, our country has witnessed great change in the environment at home and abroad. The juridical person classification mode in the "Civil General Principle" fails to meet the needs of the reality, fails to make the juridical person system function full-fledged. The objective situation needs us reconstruct the juridical person classification mode on the basis of careful thinking. There should be discrimination between community juridical person and syndicate juridical person, commercial juridical person (profit oriented) and non-commercial (commonweal and intermediate) juridical person. To sum up, it is to make the dualism of public and private juridical person as basis, to make the community and syndicate juridical person classification as basic category, make public commonweal, intermediate and profit juridical person under the community juridical person; syndicate juridical person only has commonweal and intermediate. However the public service unit juridical person has lost its meaning of standardize, thus, it shall be abolished. The current public service unit juridical person classification mode shall be integrated to public juridical person, public juridical person syndicate, public juridical person community and commercial juridical person.

前　言

一　正在进行的中国事业单位改革
需要引入民法学思考

中国事业单位①是中华人民共和国成立之后出现的一类重要的社会组织，有半个多世纪的历史。统计显示，中国有各类事业单位 130 多万个，有工作人员 2900 多万人和国有资产近 3000 亿元，中国 70% 以上的科研人员、95% 以上的教师和医生都集中在由政府出资创办的各类事业单位中，其各项事业经费支出占政府财政支出的 30% 以上②，对国家 GDP 的贡献为 5% ~ 10%。③ 时至今日，事业单位正在面临空前深层次的改革。与企业改革追求效率不同，事业单位改革追求的是改善公共服务提供现状。中国国家发展和改革委员会副主任曾说："深化事业单位改革是继国有企业改革、政府机构改

---

① 笔者之所以用"中国事业单位"的提法，是因为国外没有这样的概念和制度，是纯然的中国特色。

② 中国改革杂志社：《事业单位改革与市场规范竞争研讨会》（内部资料），2004 年 4 月 24 日。

③ 王亚玲：《事业单位组织创新、制度创新和模式选择》，硕士学位论文，西北大学，2004。

革之后，中国面临的又一项重要任务。中共中央、国务院对中国事业单位改革的研究工作给予了大力支持。"① 在中国不断推进改革和已经加入世界贸易组织的历史背景下，改革的重点已经从单纯搞企业改革转移到事业单位的改革上来，其本身承担的公共利益职能使得事业单位的改革成为关乎社会和谐发展进步的重要领域，其中教育、卫生、文化等领域近年成为社会关注的热点。

这轮事业单位的改革当然需要各相关学科的支持，如法学、公共管理学、财政学、社会学等。既然国家已经继政府机构改革和企业改革之后把改革的重点转移到事业单位改革上来，那么与此相关的事业单位作为特殊民事主体的制度研究必然是其中绕不开的课题。民法学被认为是社会主义市场经济的基本法律，又被称为"市场经济的组织法"，其中的主体制度理论、法人制度理论、法人分类理论都与事业单位法人有密切的关系。商法学中的商主体理论、商行为理论也对把握事业单位的相关问题有方法论上的启示。

1986 年的《民法通则》明文规定了事业单位的法人类型，从而使得事业单位法人成为一类重要的民事主体。那么，《民法通则》确立的事业单位法人制度在现今的中国到底有没有必要进行反思和重构呢？笔者认为，事业单位事实上已经在多方面出现了很大的变化，这些变化包括：有的事业单位成为政府变相扩大政府机构、增加编制、占用财政预算的一类特殊机构；有的事业单位营利性行为凸显且逐步向商业化主体演变；有的事业单位则虽承担公益责任却面临种种问题和困难。这些都是值得深思的问题。

事业单位改革的一个基本思路是进行分类改革。"十一五"规划

---

① 转引自刘东凯《中国考虑实施事业单位改革预计涉及几千万人员》，http://news. china. com/zh_cn/domestic/945/20040324/11650799. html。

中就提出："继续推进政企分开、政资分开、政事分开、政府与市场中介组织分开，减少和规范行政审批。各级政府要加强社会管理和公共服务职能，不得直接干预企业经营活动。深化政府机构改革，优化组织结构，减少行政层级，理顺职责分工，推进电子政务，提高行政效率，降低行政成本。分类推进事业单位改革。"① 世界银行课题组针对中国事业单位的研究报告中也明确指出，中国的事业单位应该分类规范。"事业单位改革从一开始就特别强调分类，这反映出政府对事业单位的多样性和复杂性有清楚的认识，并且强调这些多样性和复杂性对确定政府自身的角色有重要意义。"②

由上可见，对事业单位进行科学合理的分类是正确规范事业单位这类特殊主体行为的基本要求。而从法律技术上对事业单位进行分类，则更有利于使分类趋于严密和规范。本书正是从民事主体角度切入，对事业单位的分类改革进行深入思考和研究，针对与事业单位分类改革相关的法人分类理论问题提出自己的观点。

民法学研究事业单位分类改革是构建和谐民事主体制度的迫切需要。事业单位法人是中国独有的一个法人类型，事业单位法人制度是具有中国特色的法人制度。那么，在我们将要制定的民法典中，事业单位这种法人类型是继续保留还是完全放弃？如果继续保留，怎样解决存在的问题并进行完善？如果放弃，那么我们又该采用何种法人分类模式？是因循大陆法系传统的法人分类模式，还是适当借鉴英美法系法人分类的做法？应该如何充分发挥各种法人类型的积极作用，并使得法人类型之间相对和谐？民法学者应对这些问题

① 《中共中央关于制定"十一五"规划的建议》，新华网，2005 年 10 月 18 日。
② 世界银行：《中国：深化事业单位改革，改善公共服务提供》，《经济研究》2005 年第8 期。

予以回答。"民法就要讲主体，主体是核心，主体是本位，任何法律关系里面主体都是最基础的，法律关系，就是人与人之间的关系，而人有自然人、法人。所以，首先我想我们是要很好解决主体地位的问题。我们现在正在制定民法典，民法典也考虑我们从组织上怎么划分，个人没有什么问题。按照现在《民法通则》来划分，法人分成四种，机关、事业单位法人、企业法人和社会团体法人。我们现在最大改革进行的是事业单位法人制度的改革。"① 制定一部科学、完善、符合中国国情的民法典，是 2010 年建成社会主义市场经济法律体系的重要步骤之一，也是建设社会主义法治国家的必由之路。那么，在中国已经存在了半个多世纪的事业单位，在未来的民法典中如何体现，这些问题显然也应该进入民法学研究的范围。

民法学研究事业单位分类改革是事业单位改革实践的迫切需要。对事业单位的民法学研究也来自事业单位改革实践的迫切需要。2004 年 3 月，新华社播发消息，中国政府正在考虑和研究对规模宏大的事业单位进行改革。中国事业单位的重要性是不能被忽视的：它提供教育、医疗、科研、文娱、体育等公共服务。在中国进行改革的大背景下，事业单位的改革具有与企业改革、政府机构改革同等重要的地位。除了决策层的推动以外，社会各界以及新闻媒体对事业单位相关热点问题的关注也与日俱增。事业单位的分类改革作为事业单位改革的一个基本思路，已经在全国各地和相关事业领域逐渐铺开。在这样的背景下，民法作为社会主义市场经济的基本法律制度直面事业单位分类改革的实践，对事业单位进行民法学理论探讨，有重要的价值。

---

① 江平：《体育组织与体育运动中的民事法律问题》，法大新闻网，http://news.cupl.edu.cn/news/2024_20041109080319.htm。

二　理论界对事业单位改革的研究现状

我国理论界关于事业单位改革和体制创新方面的研究也一直较少。到 20 世纪 90 年代，事业单位改革的理论指导仍明显不足，事业单位的发展越来越多地面临体制上和政策法规上的掣肘，事业单位及其政府主管部门逐渐意识到推动事业单位改革的必要性，并开始探索改革的具体思路，这时国内学术界也开始关注事业单位改革的理论研究，出现了一些综合性的研究文章，或某一类别的研究专著，但大多都只是针对具体问题提出一些改革措施或某类事业单位的改革思路，缺乏系统的理论研究。

近年来，事业单位改革这个课题已经受到世界银行[①]、全国人大、国家发改委、国家经济体制改革委员会、北京大学[②]、清华大学[③]、中国人民大学[④]、中国政法大学[⑤]等机构的关注和重视，并且已经有一些成果面世。我们注意到：理论界对事业单位法人制度的理论探讨主要来自公共管理学、财政学等学科。笔者研究这些材料后发现，各学科往往从各自的学术角度分别进行研究，其立论基础、分析方法、研究结论存在较大差异。对事业单位法人的定性尚未形成一致的看法。但是我国学术界关于中国事业单位制度的研究仍然处于初级阶段，许多重大的理论问题还有待进一步探讨。其中从法

---

① 世界银行 2005 年 8 月 10 日发布了《中国：深化事业单位改革，改善公共服务提供》的研究报告，凸显该机构对中国事业单位改革理论研究的重视。
② 北京大学法学院成立了由陈金罗先生担任主任的非营利组织法研究中心。
③ 清华大学成立了由王名教授任主任的非政府组织研究中心。
④ 中国人民大学公共管理学院成立了非营利组织研究中心。
⑤ 据龙卫球教授 2005 年 9 月向笔者介绍，中国政法大学从 2005 年开始由方流芳教授给学生开有关事业单位法律问题的课程。

学视角对事业单位的研究应该进一步深入，法学家应该更多地加入事业单位改革的决策过程当中。

在既有的事业单位法人制度框架内，事业单位正发生着变化，变化的动因来自社会主义市场经济的推动。各类事业单位法人一方面在尝试新的行为模式和拓展新的发展空间，另一方面国家也出台法律法规进行局部性的调整和改革。毫不夸张地说，中国特色的事业单位正在经历前所未有的变革。值得注意的是：形成于计划经济时期，先天具有单位管理体制色彩的事业单位法人制度在社会主义市场经济条件下不可避免地出现了种种矛盾和尴尬，这归根结底是制度性问题的表现，例如事业单位过度商业化的问题，事业单位双重法人的问题等。①

根据笔者所做的文献检索，民法学界对这个问题的探讨从数量上来说非常有限②，只是最近几年对与事业单位相关的非营利法人、非政府组织的法律问题的讨论才逐渐引起学界的关注。但是从探讨的内容广度和深度上应该说有进一步研究的必要性。民法学界对企业改革自始就倾注了足够大的热情，事业单位的改革也需要法学理论特别是民法学理论作为支撑。

民法学界对事业单位相关问题的研究有代表性的理论成果包括：中国政法大学齐红撰写的博士学位论文《单位体制下的民办非营利法人——兼谈我国法人分类》；北京大学法学院金锦萍撰写的博士学位论文《非营利法人治理结构研究》。两篇博士论文皆涉及事业单位法人制度问题。事业单位的法律问题当然不应该成为民法学研究的

---

① 景朝阳：《事业单位法人面临五大法律问题》，《检察日报》2005 年 11 月 28 日，第 3 版。
② 截至 2005 年 12 月根据笔者在国家图书馆所做的文献检索，以"事业单位"为关键词的法学博士论文检索结果为零。

盲区，特别是在中国的民法典制定问题已经被立法机关列入规划的背景下，对于事业单位法人制度在中国当代社会转型时期所暴露的深层次法律问题予以研究，显得不仅重要而且迫切。笔者认为，事业单位的改革中所暴露出来的问题，归根结底属于法律问题。民法学作为市场经济的基本法律，必须对此做出研究。事业单位的改革，如果没有法学特别是民商法学的理论支持，是难以构建和谐的事业单位法人制度框架体系的。

三　本书的论证体系

本书按照以下论证体系展开。第一章对中国事业单位制度进行基本考察，重点是概念追问和制度沿革。就事业单位法人的一些基本概念，如"事业""单位""事业单位"等进行理论梳理，提出事业单位是特定历史条件下形成的中国特色的民事主体制度，有些长期形成的固定见解并不完全属于法律技术层面的概念；事业单位法人是中国特有的法人类型，在新的社会经济条件下有必要对这种法人类型进行反思和改革。第二章研究中国事业单位的设立登记制度，提出应该根据事业单位的类型属性进行设立和登记，设立应该符合科学的法律程序，登记不能流于形式，避免双重法人情况，并对事业单位登记之必要性提出质疑。第三章研究中国事业单位法人存在的营利性行为过度的法律问题，用商行为理论和一些实证材料说明：事业单位在改革开放以后，出现了相当大程度的营利化倾向，指出客观上是事业单位商业化有余，公益属性表现不足的问题，提出防止公益性事业单位泛商化的法律对策。第四章研究中国事业单位作为一类民事主体在未来民法典中的法律地位，兼论中国未来民法典法人分类模式。深入分析事业单位法人客观存在的政事不分、事企不分和公益性体现不充分等问题，提出我国事业单位法人事实上已经失去法人类型强制的意义，认为应该取消事业单位法人类型，采纳成熟的大陆法系主流的法人分类模式，即要区分公法人和私法人，确立社团法人和财团法人，区分商事法人和非商事法人。从而实现中国民法法人分类制度的创新，充分发挥法人制度的功能。第五章研究事业单位分类改革的法律对策，深入分析事业单位不同标准分类情况，指出现存的事业单位组织类型应该在法人重新分类的基础上予以规范和完善，提出事业单位以及事业单位法人制度应该在新的社会经济环境下进行改革，基本思路是进行分类法律规范，提出民法学视角的分类法律规范的观点。在此基础上，现存的事业单位属于不同的法人类型，除了公权力性质的事业单位归为公法人机关、企业化经营的事业单位归为商事法人以外，事业单位的主体——承担公共服务的公益性事业单位可定位为公法人财团、公益性社团、公益性公司或者民办非企业单位。

四　本书的研究方法

本书的研究方法包括历史法、比较法、逻辑演绎、实证研究法以及跨学科研究法等。历史法追溯了罗马法以来的法人分类的制度变迁，回顾了事业单位的制度沿革；比较法主要对包括德国、法国、美国、意大利、匈牙利等国家在内的法人分类和公益主体制度体系进行了制度比较；逻辑演绎法主要是论点、论据、论证线索符合逻辑演绎的规律；实证研究方面选取有代表性的若干实例进行个案分析，着力在理论探讨充分深入的基础上，紧密关注实践中事业单位改革的走向，提出有针对性的建议，以作为决策部门、立法部门的参考；跨学科研究方面，除了民法学理论主要以大陆法系的主流法人分类模式为理论支持工具之外，还运用和借鉴了商法学、经济法学、公共管理学的研究成果。

目　录

绪　论

　　20 世纪 80 年代中期随着我国科技、教育等行业体制改革的启动，学界加强了对科教文卫等事业单位改革的研究，取得了较为丰硕的研究成果，但把事业单位分类改革作为一个整体进行研究的很少。进入 21 世纪以来，针对事业单位类型众多、情况复杂的现实和改革中遇到的机构分类、管理体制等共性、基础性问题，人们逐渐认识到事业单位分类改革的重要性和必要性，不仅进行了实践探索，而且形成了相关研究成果。本书主要围绕以下三个方面对事业单位改革展开研究。

一　事业单位改革路径方面的研究

　　朱光明提出以行政首长聘任制为中心，完善事业单位的法人治理结构，以健全财务制度和资产管理制度为中心，完善事业单位的内部管理体系，以绩效评估制度为中心，完善对事业单位运营的监督约束机制。① 张红岩等结合当前经济形势，对不同时期事业单位的

---

① 朱光明：《政事分开与事业单位改革的路径选择》，《政治学研究》2006 年第 1 期。

内涵、特征进行综述，提出我国事业单位改革的目标和路径。[①] 王键指出事业单位改革关系着改革、发展和稳定的全局，应明确政府和市场在事业单位改革与发展中的地位。[②] 尉俊东等从公共服务营销的角度，根据组织受益人的特质，将非营利组织划分为以公众、顾客、成员为导向的三类组织，并分析了这三类组织的行为特征，探究了我国事业单位改革的方向与治理模式。[③] 杜廷文等提出事业单位改革发展三要素：目标、机制和核心能力。[④] 宋昇认为应结合事业单位体制改革和人事制度改革，在事业单位工资制度改革中引入现代企业薪酬制度理念，并提出建立符合各种类型事业单位特点、体现岗位绩效和分级分类管理的事业单位薪酬制度改革路径。[⑤]

龙献忠等在分析单位制度的特征以及单位制度对大学组织行为影响的基础上，提出我国大学单位制度改革的制度路径：要从事业单位走向公共事业。[⑥] 杨宇立基于公共产品短缺的事实来研究中国事业单位改革问题。[⑦] 符钢战首先讨论了提供和生产公共产品的主体，然后分析了国有事业单位的体制缺陷并评价国有事业单位的现有改革及存在的问题，最后提出了国有事业单位改革的目标与路径。[⑧] 谢斌就事业单位存在的问题、面临的困境进行分析，然后从分类管理、

---

① 张红岩、侯庆方：《我国事业单位改革路径探析》，《中央财经大学学报》2006 年第 12 期。
② 王键、张孝锋：《事业单位的科学分类原则及其改革思路》，《当代经理人》2006 年第 5 期。
③ 尉俊东、赵文红、万迪昉：《我国事业单位改革的方向与治理模式——基于受益人特质的非营利组织分类管理的视角》，《当代经济科学》2006 年第 2 期。
④ 杜廷文、乔世册：《事业单位改革发展三要素：目标·机制·核心能力》，《建设机械技术与管理》2006 年第 3 期。
⑤ 宋昇：《事业单位薪酬制度改革路径探讨》，《经济师》2006 年第 12 期。
⑥ 龙献忠、邱跃华：《大学单位制改革的制度路径》，《高等工程教育研究》2006 年第 5 期。
⑦ 杨宇立：《事业单位改革：路径、分类与"夹生化"后果》，《社会科学》2007 年第 4 期。
⑧ 符钢战：《公共产品短缺与中国事业单位改革——兼论政府职能的第二次转变》，《学术月刊》2007 年第 1 期。

制度建设等方面就改革提出几点思考。① 唐晓阳认为事业单位改革的进程，与建立社会主义市场经济体制、与构建社会主义和谐社会、与各项社会事业的发展还很不适应，存在许多问题。② 刘霞等认为在公共治理框架下的我国事业单位变革的总体思路应该是统筹规划、全盘布局、分类改革、分立政策、分别引导、分层操作，通过深层次制度变革和配套政策引导，将现存的事业单位分为不同的社会治理主体部分，从传统的一元治理模式（即政府管理社会事务）向多元治理模式（即政府、企业、第三部门共同治理社会事务）方向发展。同时认为公益事业单位的改革是我国事业单位改革的重点和难点，要针对这类事业单位改革目标进行二次认定，区分为政立事业单位和社立事业单位，并设定各自的改革方向和变革路径。③

周宇指出事业单位的人事制度改革进程与企业相比已经滞后，其原因在于事业单位人事制度改革遭遇到制度环境的难题，同时改革本身也存在一些问题。④ 张敬荣分析了事业单位改革滞后的原因，认为事业单位自身的特殊性和改革本身的复杂性与艰巨性等客观方面的原因，以及目标方向不明确、理论准备不足、政府推动力度不够等主观方面的原因，使改革一直难以取得实质性的进展和突破，其改革成效与目标预期以及实践需求相差甚远，与国有企业改革、党政机关机构改革相比相对滞后，与社会主义市场经济发展要求不相适应，严重影响和制约了各项社会事业的发展。⑤ 马格格在对新公

---

① 谢斌：《事业单位改革的困境与路径选择》，《宁夏社会科学》2007 年第 2 期。
② 唐晓阳：《深化事业单位改革必须注意运行机制的健全》，《广东行政学院学报》2007 年第 6 期。
③ 刘霞、李志：《我国事业单位制度变革的路向与策略——一个公共治理的分析框架》，《江苏行政学院学报》2007 年第 1 期。
④ 周宇：《事业单位人事制度改革的思考》，《新疆石油教育学院学报》2007 年第 9 期。
⑤ 张敬荣：《事业单位改革滞后原因探析》，《山东社会科学》2007 年第 1 期。

共管理运动进行述评的基础上寻求可供我国乡镇事业单位改革借鉴的经验。① 岳云龙从回顾和总结以往几十年我国事业单位管理和改革历程的经验得失入手，提出了深化事业单位改革的目标取向、路径选择及切入点。② 冯华艳提出进行全面、协调的事业单位改革，需要重新界定政府的角色和促使政府从商业性活动中退出，改革公共财政以便更好地为公共服务付费，允许非国有部门提供更多的公共产品，加强公共部门内部的约束机制等。③ 唐鋆赟运用公共财政理论、公共产品理论、新公共管理理论以及非营利组织管理理论的知识和方法，充分借鉴国外公益事业改革经验，结合我国现实国情，提出我国事业单位改革应遵循公共财政的原则，目标是建立一个与社会主义市场经济体制相适应的，精简高效、结构合理、节约财政的事业单位体制。④ 张玉磊设计出了能够实现事业单位向非营利组织转化的改革路径。⑤ 刘太刚等通过对 30 年的行政体制改革进行全面总结，分析其中的经验和教训。⑥ 金进喜从非政府组织发展与地方治理的视角，以浙江事业单位的改革为背景，在实践层面上分析了浙江省事业单位改革的现状与经验，并探讨了事业单位改革与地方治理模式变革的关系及意义。⑦

冯丽指出实现政府职能与市场职能的合理分工，理顺上级主管

---

① 马格格：《新公共管理运动对我国乡镇事业单位改革的启示》，《中国集体经济》（下半月）2007 年第 10 期。

② 岳云龙：《从传统管理到现代治理——事业单位改革的目标取向及路径选择》，《中国行政管理》2008 年第 4 期。

③ 冯华艳：《付费和激励：我国事业单位改革的路径选择》，《河南社会科学》2008 年第 5 期。

④ 唐鋆赟：《公共财政视角下的事业单位改革研究》，硕士学位论文，贵州大学，2008。

⑤ 张玉磊：《事业单位如何向非营利组织转化》，《党政论坛》2008 年第 10 期。

⑥ 刘太刚、魏娜：《事业单位改革历程与经验总结》，《河北学刊》2008 年第 4 期。

⑦ 金进喜：《事业单位改革与地方治理——浙江省事业单位改革及其启示》，《社会科学论坛》（学术研究卷）2008 年第 5 期。

部门与事业单位的关系，规范事业单位的创收行为，是深化事业单位改革的必然途径。① 左然考察了事业单位改革的历史，分析了事业单位改革存在的问题，提出事业单位改革的方向是构建中国特色现代事业制度；认为改革的目标模式是独立的事业单位监管机构＋事业法人治理，而事业单位分类改革的重要意义在于整合事业单位资源，实现基本公共服务均等化；提出改革过程中必须加强事业单位外部监管和内部治理，加强事业单位法律制度建设，为事业单位改革和监管提供制度性保障。② 詹国辉等认为事业单位改革应该遵循政事分开、多中心治理、社会化、民主化与法制化原则，在事业单位改革的方向上必须坚持分类改革，还应注意政府合理干预服务提供、倡导公共服务竞争机制提高服务质量、建立完备的法律法规体系和监督机制等相关问题。③ 李兆宇通过对事业单位概念、现状和问题的分析，以及对改革历程的回顾总结，提出适应社会主义市场经济体制和政府职能转变需要的事业单位改革目标模式，分析推进改革的路径。④

　　熊波认为应当按照"政事分开、事企分开"的原则，改革和完善事业单位管理体制，使其更好地履行社会管理和公共服务职能。⑤ 王孝海认为大部制改革应主要在以下几个方面下功夫：更新观念，树立"以人为本"的行政理念；明确政府机构改革与政府职能转变的关系，切实以转变政府职能为改革的核心内容；立法、行政、监

---

① 冯丽：《对深化我国事业单位改革的再思考》，《新西部》（下半月）2008 年第 12 期。
② 左然：《构建中国特色的现代事业制度——论事业单位改革方向、目标模式及路径选择》，《中国行政管理》2009 年第 1 期。
③ 詹国辉、詹国彬：《事业单位改革的原则与路径选择》，《宁波经济》（三江论坛）2009 年第 6 期。
④ 李兆宇：《事业单位改革研究》，硕士学位论文，吉林大学，2009。
⑤ 熊波：《深化事业单位改革的基本方向与路径选择》，《湖北社会科学》2009 年第 4 期。

督三管齐下，遏制部门利益化膨胀格局；配套改革协调进行，积极推进政治体制改革和事业单位改革；促进改革民主化，倡导民众积极参与改革过程。[①] 贾智莲等认为前期事业单位的改革过分强调"减负"和效率而偏离了公平的目标，导致基本公共服务供给不足。[②] 胡其图认为事业单位的改革要实行市场化，把事业单位从政府机关中脱离出来，成为在市场经济体制下自负盈亏的法人实体，在非营利的事业单位实行聘用制，并逐步完善事业单位的岗位管理制度，同时改革事业单位的收入分配制度，建设高素质的专业技术人才队伍。[③] 徐婧雯从制度层面对事业单位作了一个剖析，从事业单位在制度建设方面存在的问题入手，提出制度要创新才能适应新形式的发展，并尝试提出制度创新的具体方案。[④] 竹立家指出事业单位改革的前提是提高公共服务的质量和效率，而不是一味强调降低服务成本；改革的路径是完善事业单位的内部治理结构，而不是推卸和转嫁政府责任，走市场化道路。[⑤] 张秀玉等指出事业单位改革最重要的是体制上的变更，用人方面应推进聘用制，建立科学合理的考核制度，引进竞争激励机制，纳入社会保障体系等。[⑥]

张旭庆认为我国事业单位改革走了一条曲折的道路，事业单位改革之所以落后于企业和政府改革，根本原因是一些深层次的矛盾和问题没有破解，在推进改革中存在许多误区，改革的政策不够配

---

① 王孝海：《我国大部制改革面临的路径依赖及其对策研究》，硕士学位论文，曲阜师范大学，2009。

② 贾智莲、孔春梅：《公共服务供给机制创新研究——兼评事业单位改革》，《中国行政管理》2009 年第 4 期。

③ 胡其图：《我国事业单位改革面临的阻力与对策》，《呼伦贝尔学院学报》2009 年第 17 期。

④ 徐婧雯：《公益性事业单位改革探究》，硕士学位论文，黑龙江大学，2010。

⑤ 竹立家：《事业单位改革难的症结》，《决策与信息》2010 年第 9 期。

⑥ 张秀玉、郭远远、贝森：《事业单位改革问题及对策研究》，《职业时空》2010 年第 6 期。

套，改革的阻力仍然较大，事业单位管理体制还不够完善。① 徐育才认为在加快推进事业单位改革视域下，人力资源作为一个职能部门价值观应该从过去的管制向服务转变，态度从被动接受向主动建言转变。② 王成东从国家第十二个五年规划中关于事业单位分类改革的总体方针出发，通过分析西方国家公共服务部门的改革实践经验，根据公益类事业单位改革的发展态势，就公共服务的提供、法律法规建设和监督制约机制等提出了自己的观点和建议。③ 朱蕾认为改革应以建立新型的事业单位管理体制为目标，为事业单位注入新的活力，使其更好地为社会主义建设和人们的生活服务。④ 许建勇指出改革滞后所导致的事业单位机构膨胀、财政负担加重、效率提高缓慢、公共服务供给不足等严重影响了教育、科技、文化、卫生等社会事业的发展。⑤ 韩萍等通过调研得出结论：我国事业单位改革进展顺利程度低于事业单位满意程度，改革推进越深入地区对改革进展顺利程度评价越低，外部服务对象评价总体上低于事业单位及事业单位创办者政府机关的评价。另外改革推进程度越高的地区改革积极性越高、改革动力越足；外部服务对象比事业单位与政府更希望改变事业单位现状，这表明事业单位改革是必要的。⑥

倪超英结合吉林省事业单位改革的经验与教训，对思想领域如何看待改革问题进行探讨。⑦ 尚虎平等通过分析卡梅隆联合政府推行

---

① 张旭庆：《关于事业单位改革和发展问题研究》，硕士学位论文，天津大学，2010。
② 徐育才：《事业单位改革与人力资源管理者角色的重塑》，《求索》2010 年第 1 期。
③ 王成东、刘刚：《事业单位分类改革中企业化路径研究》，《前沿》2011 年第 22 期。
④ 朱蕾：《深化事业单位改革的路径思考》，《芜湖职业技术学院学报》2011 年第 13 期。
⑤ 许建勇：《公益类事业单位改革路径探析》，《机构与行政》2011 年第 8 期。
⑥ 韩萍、赵立波：《事业单位及其改革：满意度、进展及路径——基于调研得出的初步结论》，《山东行政学院学报》2011 年第 1 期。
⑦ 倪超英：《关于推进吉林省事业单位分类改革的几点认识》，《行政与法》2011 年第 12 期。

公共机构改革，提出我国政府可以推出"政府局""行政执行局""公共事业单位"等公共机构改革模式，在每种模式特定的路径下，不仅可以解决政府越位、缺位、缺力、虚位问题，也能够解决公益缺位、服务缺位和服务低质的问题，还可以解决目前事业单位改革分类模糊、缺乏实施机制的问题。① 蒋强等通过对我国事业单位改革历程的回顾，总结其所持价值取向，并对其进行辩证的批判，引导我国新一轮的改革回到以公共利益最大化为本位的价值取向上来。② 刘小康认为需要重新界定事业单位，在事业单位法人类型下涵盖行政类事业单位，通过法定机构或执行机构的方式改革行政类事业单位，实现政府决策职能和执行职能的相对分离与相互制约，是行政类事业单位改革的一个值得考虑的路径。③ 江玉芬分析了我国事业单位改革的必要性及紧迫性，然后探讨了当前我国事业单位改革的基本取向，最后重点分析了当前事业单位改革的基本路径。④ 阳敏等建立了一个政府、市场、志愿供给机制交易费用边际比较以及交易契约安排维度分析的基本范式，并进一步明晰了我国公共事业单位"中层设计"的改革演化路径：从初步的分类归位，到明确事业单位的目标类型和特征定位，再到构建事业单位治理机制并完善政府对事业单位的规制模式。⑤

---

① 尚虎平、于文轩：《从"职能革命"到公共机构改革——卡梅隆联合政府公共机构改革对我国事业单位改革的启示》，《财经科学》2011 年第 7 期。

② 蒋强、王小轲、廖远萍：《浅议我国事业单位改革过程中的价值取向》，《经营管理者》2011 年第 16 期。

③ 刘小康：《建立事业单位法人治理结构的理论再探讨》，《北京行政学院学报》2015 年第 2 期。

④ 江玉芬：《当前事业单位改革发展取向及路径的选择》，《中国管理信息化》2012 年第 15 期。

⑤ 阳敏、张宇蕊：《公共事业单位改革路径演化：一个交易费用分析框架》，《中国软科学》2012 年第 12 期。

　　徐雪峰以镇江市城市水利管理处这一水利公益事业单位个体为基础，由内而外，从三个方面阐述了公益事业单位管理变革的路径：首先是创新机制，实施内部管理变革；其次是引入社会评价机制；最后是变革政府对事业单位的绩效评估和监管机制。① 陈海云指出关于事业单位改革成功的标准问题应从最关键、最简明、最通俗等方面综合考量，应突出这样的"三好"标准，即"单位职能履行好、内部机制活力好、社会综合效益好"。② 高红等通过对"公益性"价值的客观依据和主观选择两个层面的理论分析，提出在推进事业单位投资主体多元化的同时，重构以"公益性"为内在价值线索的事业单位价值体系的制度建构路径。③ 周晓认为吉林省的事业单位改革应该以中央精神为基础，在改革推进层次上依据先分后改的原则，采取渐进化和差别化的方法；在编制创新上应该结合事业单位职能定位，积极探索编制法制化道路；在多元主体参与方面应该秉承基本公共服务以政府主导为中心的原则，构建事业单位人员编制合理布局。④ 陈那波等从如何建构中国特色公共服务体系的角度重新审视事业单位改革的路径，整合各世界组织的统计数据以构建国际公共服务绩效数据库，通过国际对比寻求以事业单位为主体的中国公共服务模式的缺失和改进空间，从供给主体、供给方式和供给内容三个方面进一步提出实现 2020 年事业单位改革目标的具体战略。⑤

---

① 徐雪峰：《公益性事业单位管理模式变革研究》，硕士学位论文，南京大学，2012。
② 陈海云、袁夕花：《建立事业单位统一登记制度的思考》，《机构与行政》2014 年第 7 期。
③ 高红、王红梅：《事业单位改革：基于公共产品理论的分析》，《福建行政学院学报》2010 年第 6 期。
④ 周晓：《吉林省分类推进事业单位改革路径探索》，《北华大学学报》（社会科学版）2013 年第 14 期。
⑤ 陈那波、卢亚伟：《中国事业单位精细化监管模式构建》，《中国行政管理》2010 年第 9 期。

　　徐晓新等指出公益类事业单位改革应走出公益性定位和市场化手段相互冲突的认识误区，围绕实现公益目标和增强活力、能力的中心，汲取社会企业的有益经验，重视相关立法，通过管办分离和强化监管，促进公益类事业单位多元参与的法人治理模式的构建，创新人事制度，培养和任用社会企业家。① 杨哲对我国事业单位改革的发展现状进行了分析，深刻了解了我国事业单位改革的趋势和目标，在此基础上对我国事业单位改革的若干问题进行了研究。② 贾博认为公益类事业单位改革的关键就是在强化公益性与激发自主性之间取得平衡。③ 景小勇从科学分类文化产品的角度，对公益性文化事业单位的分类进行界定，从而为公益性文化事业单位改革提供方向。④ 陈海莹通过对事业单位发展取向的研究，试图明确事业单位改革发展的路径。⑤ 杨洪刚认为要根据本地区经济社会发展实际并结合行业发展特点、事业单位规模、改革发展阶段等不同情况，选择不同的改革路径和改革模式，不能搞"一刀切"。⑥ 邹利敏提出科学设计事业单位分类改革路径，是顺利推进相关改革的重要内容。⑦ 林秀娟指出行政类事业单位是事业单位改革和行政体制改革的关键联系点，是行政体制改革的重要组成部分，应纳入以大部制为核心的行

----

① 徐晓新、张秀兰、余晓敏：《公益类事业单位改革：来自社会企业的启示》，《北京师范大学学报》（社会科学版）2013 年第 5 期。
② 杨哲：《事业单位改革若干问题研究》，《经营管理者》2013 年第 2 期。
③ 贾博：《公益性与自主性：公益类事业单位改革的双重价值目标》，《北京行政学院学报》2013 年第 6 期。
④ 景小勇：《公益性文化事业单位改革路径探析》，《艺术评论》2014 年第 3 期。
⑤ 陈海莹：《试论当前事业单位改革发展取向及路径的选择》，《中国市场》2014 年第 39 期。
⑥ 杨洪刚：《事业单位管办分离改革的现实困境与路径选择》，《天津行政学院学报》2014 年第 16 期。
⑦ 邹利敏：《关于事业单位分类改革路径的思考》，《中国财政》2014 年第 23 期。

政体制改革框架中。①

潘波认为应当充分认识并积极发挥法治的功能，坚定不移地以法治方式推进事业单位改革，探索适合我国国情和发展阶段的改革路径，做好改革顶层设计、组织落实、横向衔接、纵向安排、推进手段、制度建设等方面的工作，同时，高度重视并努力解决改革中出现的问题，确保事业单位改革达到预期目标。② 王琼对事业单位改革路径依赖现象进行了分析并提出对策建议。③ 曾基友从事业单位改革现状入手，针对当前事业单位人才总体素质偏低、员工工作积极性不高、管理者责任感不强以及人员分流受阻等突出问题，结合心理资本对事业单位改革与发展的主要作用，从转变观念强化心理资本、物质激励与精神激励相结合、政府放权提高管理者自主性、提供各种保障机制以及培育心理资本等方面提出了对策建议。④ 石嘉莹从公益类事业单位的困境入手，研究在公益服务提供领域推行公私合作的可行性，并在此基础上提出推行这一模式的具体路径以及配套制度，希望借此为我国公益服务格局的变革提供思路。⑤ 周柯全尝试性地提出了事业单位改革的应循路径，包括处理好事业单位存量改革与增量发展的关系，健全事业单位法人治理结构，积极落实人事、财政、养老保险等配套化改革，加强法制建设和完善监督机制等。⑥ 吴开松等从公共服务供给特点入手，提出公益类事业单位管理

---

① 林秀娟：《大部制视阈下的行政类事业单位改革研究》，硕士学位论文，厦门大学，2014。
② 潘波：《以法治方式推进事业单位改革的路径分析》，《财经法学》2015 年第 4 期。
③ 王琼：《事业单位改革路径依赖现象分析及对策》，《人才资源开发》2015 年第 18 期。
④ 曾基友：《事业单位改革与发展的路径探讨》，《经营管理者》2015 年第 10 期。
⑤ 石嘉莹：《公益类事业单位转型的路径分析——以公私合作模式的类型化分析为思维进路》，《法制与社会》2015 年第 29 期。
⑥ 周柯全：《我国事业单位的改革逻辑与路径研究》，硕士学位论文，东南大学，2016。

改革思路，为改革实践提供新路径。① 王琳琳针对事业单位管理体制改革的方法展开研究，为事业单位改革工作的开展提供参考。②

张志刚从民主、管理、协同等角度分析公车改革制度执行过程中的阻碍因素，建立事业单位公车改革分类模型，探索公车改革在事业单位分类情形下的路径选择，为减少新一轮"车轮腐败"以及事业单位的科学管理提供更加细致的理论依据。③ 苏雨以事业单位绩效工资改革的价值为主要出发点，论述了当前事业单位绩效工资改革存在的误区，从两个方面对事业单位养老保障制度的改革路径进行分析，并且针对这两方面内容存在的问题提出相应的对策。④ 顾倩从事业单位绩效工资改革的价值、当前改革存在的误区入手，尝试分析和探索当前事业单位绩效工资改革的有效基本路径。⑤ 郭卫锋对生产经营类事业单位改革发展的路径进行了梳理，并对破除路径依赖提出了基本研究思路。⑥ 龚俊朋从事业单位分类、行政化的危害着手，对事业单位行政产生过程及干部任免行政化进行深入分析，最后提出要深化行政体制改革、下移资源配置权限、健全法律制度等思路。⑦ 易丽丽基于事业单位生产的公共服务性质，对公益类事业单位政事关系进行类型划分，认为在不同类型的政事关系中，政府对

---

① 吴开松、侯尤峰：《公益类事业单位管理改革创新路径探析》，《学习与实践》2016 年第 6 期。

② 王琳琳：《事业单位管理体制改革方法探析》，《现代商业》2016 年第 36 期。

③ 张志刚：《事业单位去行政化改革的文化分析》，《东北大学学报》（社会科学版）2015 年第 17 期。

④ 苏雨、于新：《当前事业单位绩效工资改革的误区和基本路径》，《统计与管理》2016 年第 2 期。

⑤ 顾倩：《当前事业单位绩效工资改革的误区和基本路径》，《经贸实践》2016 年第 17 期。

⑥ 郭卫锋：《浅议生产经营类事业单位体制改革中的路径依赖》，《经贸实践》2016 年第 1 期。

⑦ 龚俊朋：《事业单位去"行政化"困境及破解路径探析》，《河南科技学院学报》2016 年第 36 期。

公益类事业单位的管理模式和管理方式是不同的，以政事关系为突破口，认为不同的管理方式的选择是公益类事业单位改革的出路。①

黄照两对事业单位岗位绩效工资改革现状进行了简要的分析，并且对改革条件进行了讨论。② 柳学信等研究了政府购买公共服务体系中各个参与主体的资格、职责、与其他参与主体的关系、如何培育合格的参与主体以及政府购买公共服务体系对深化事业单位改革的促进作用，并提出政府购买公共服务体系的改革路径。③ 宁靓认为公共服务供给侧改革推进事业单位改革要以事业单位的财政管理制度为先导，以人事编制改革为重点，将完善事业单位内部管理体制和运行机制作为改革路径，依托政府购买服务模式发挥市场机制的作用，加强事业单位的内外部监督，实现公共服务的结构优化、质量提高、内涵品质和效率提升。④ 张葆晖结合我国事业单位改革的实际需求，对如何优化内部控制创新路径以及强化内部控制、提升财务管理效能进行了一系列探讨。⑤ 董杨从逆向合同外包角度出发，系统梳理国内外逆向合同外包现象，并结合实际调研，分析我国的乡镇事业单位改革中"七站八所"的重置现象，为中国事业单位改革的反思提供一种新视角。⑥

苗大雷等认为以国家治理现代化为指导，事业单位改革应着力

① 易丽丽：《公益类事业单位与政府关系类型研究——基于四种类型典型案例改革的比较分析》，《中国行政管理》2016 年第 12 期。
② 黄照两：《事业单位岗位绩效工资改革的现状及思路创新探讨》，《经营管理者》2016 年第 24 期。
③ 柳学信、董晓丽、孔晓旭：《政府购买公共服务体系构建与深化事业单位改革》，《经济与管理研究》2017 年第 38 期。
④ 宁靓：《公共服务供给侧改革视角下的事业单位改革研究》，《山东社会科学》2017 年第 1 期。
⑤ 张葆晖：《浅论事业单位内部控制制度的建设》，《财会学习》2017 年第 2 期。
⑥ 董杨：《政府购买公共服务与事业单位改革的一致性探讨》，《理论月刊》2016 年第 11 期。

构建政府主导、市场运行、社会介入和个人参与的新型治理体制，这可以通过两步走战略实现：首先，落实分类改革，注重修订并完善登记、监督和管理制度，建立事业单位法人治理结构，推进制度化和民主化建设；其次，在分类改革完成后，推动事业单位立法工作，加强法治化和文明化建设。① 马宇鑫认为经营类事业单位要想很好地进行改制转企，就要从战略视角出发，为转制企业提供战略分析和战略方向选择，进而提出企业战略方案，以便促进转制企业发展。②

事业单位是我国计划经济体制下的阶段性产物，已成为我国经济社会发展不可或缺的一支重要力量。但受体制机制等因素影响，事业单位发展也出现了与改革开放要求不相适应、与经济社会发展不相协调的问题，如部门所属、各自分割、重复设置，多数小而全；管理人员占比过大，专业人员占比过小，专业化程度低；基本依从行政机关管理，行政化倾向严重，内生动力和活力缺乏等。这些问题加剧了公共服务和公共资源的紧张，影响国家治理，不利于经济社会发展和人民生活水平的提高。深化事业单位改革，已成为一项紧迫任务。

综合上述文献，国内学者关于事业单位改革路径研究主要围绕以下几方面展开。①实行政事分开。明确合理的政府职责范围，提供公共服务和管理公共事务是政府的重要职责。明确事业单位职能，合理划分政府直接创办和间接创办的事业边界。②促进公共事业管理市场化。引入市场机制，改变现有事业单位的服务对象与经营范

---

① 苗大雷、李路路、王修晓：《事业单位的制度运行与国家基层治理——基于 M 学院中层干部竞聘上岗实践的分析》，《社会学评论》2015 年第 3 期。
② 马宇鑫：《事业单位人事管理向资源管理的转变研究》，《中国市场》2014 年第 31 期。

围，促使其逐步转向市场，开展自主经营，并打破各种行政性的市场垄断，取消各种不合理和不必要的经营限制，从而逐步形成统一规范的科学技术市场、教育市场、文化市场、体育市场、卫生市场以及其他各类相关市场，以实现公共事业服务方向的社会化和市场化。③改革事业单位财政资金供应方式。要建立新型的人事管理制度，逐步取消事业单位的行政级别和管理者身份，实行全员聘任制。在制定各类事业机构、各类人员的基本工资标准上，应允许事业组织内部实行多样化的劳动分配制度。最后需要建立统一的事业组织经营收入与支出管理制度。④加强事业单位监督机制建设。首先要实现事业单位运行的法制化和民主化，确保事业单位改革的顺利实施，法律与法规建设尤为重要。其次要建立新型的人事管理制度，健全事业单位各类人员的考核、晋升、奖励、惩罚和辞退制度，同时引入激励竞争机制，建立富有活力的人事管理与运行机制。最后要健全社会保障制度，保证改革稳步推进，加快事业单位与企业社会保险接轨，解决好关系职工切身利益的社会保障问题、做好人员分流安置工作。

事业单位今后的改革发展应通过兼并、合作、新建等方式，注重鼓励和推动优质医疗资源、教育资源等向发展水平较低的区域转移，推动基本公共服务均等化。同时，采取国家政策引导和事业单位集团内部工资福利倾斜、定期轮换等措施，鼓励人才为边远地区服务。通过体制机制创新和政策引导，增强事业单位改革发展的动力和活力，让人民群众享受到事业单位改革发展成果。此外还应继续大力支持社会力量兴办公共事业，充分调动社会资源，为社会提供数量更多、质量更好、效益更高的公共事业产品与服务。

二　事业单位分类改革方面的研究

李小红从人的需求弹性的角度出发把事业单位分为关系人们生存需要的事业单位、关系人们发展需要的事业单位以及关系国家长远发展需要的事业单位三类。[①] 张焕英探讨了近几年来我国事业单位分类改革中的模式选择、国有资产管理、改革成本与经费、收入分配等的几个难题及其解决途径。[②] 施澜等提出一种新的事业单位分类视角，将事业单位分为行政管理型、经济服务型、专业服务型和社会公益型四种。[③] 尉俊东等从公共服务营销的角度，根据组织受益人的特质，将非营利组织划分为以公众、顾客、成员为导向的三类组织，并分析了这三类组织的行为特征。[④] 朱喜群认为需要进行全面协调的事业单位改革，其中包括制定总体改革方案，科学界定政府在公共服务领域的职能，推进事业单位分类改革，深化事业单位内部管理体制改革，完善公共财政体制和加强配套制度建设。[⑤] 李鸥认为事业单位的改革需从理念、制度和组织三个轴心指向来综合考虑改革的目标选择、制度安排和组织架构。[⑥]

成思危提出中国事业单位改革的战略步骤，首要的就是按照其

---

① 李小红：《事业单位档案保存和利用管理方法分析》，《科技与创新》2016 年第 20 期。
② 张焕英：《事业单位分类改革的几个难题》，《"落实科学发展观推进行政管理体制改革"研讨会暨中国行政管理学会 2006 年年会论文集》，中国行政管理学会，2006。
③ 施澜：《事业单位分类改革的探索——基于结果逻辑和合适逻辑的分类方法》，《"落实科学发展观推进行政管理体制改革"研讨会暨中国行政管理学会 2006 年年会论文集》，中国行政管理学会，2006。
④ 尉俊东、赵文红、万迪昉：《我国事业单位改革的方向与治理模式——基于受益人特质的非营利组织分类管理的视角》，《当代经济科学》2006 年第 2 期。
⑤ 朱喜群：《深化事业单位改革的战略思考》，《行政论坛》2006 年第 3 期。
⑥ 李鸥：《事业单位改革：理念、制度与组织——以教育、医疗改革为例》，《天津行政学院学报》2006 年第 2 期。

公益性程度以及社会化程度，把事业单位分为官办纯公益、官办准公益、民办纯公益、民办准公益四类，并建议今后纯公益事业单位应以官办为主，以民办为辅；而准公益事业单位应以民办为主，以官办为辅。中央编办、财政部、国务院发展研究中心共同组成的课题组提出了按照职能和特点差异对现有事业单位实施分类改革的主张，建议除了要将那些服务和产品与政府社会职能无关、本应作为营利市场主体存在却是事业单位的机构尽快推向市场外，对那些具有很强公益性、有关产品和服务涉及国家长期利益或大多数公众基本利益的事业单位，仍须政府主办；有些事业单位则应借鉴国际经验，按照非营利机构模式由政府间接组织和管理。[①] 张雅林依据公共行政管理理论和建立公共财政的需要，提出了功能分类法，即按照事业单位的主要特征和功能对事业单位进行类别划分，具体根据目前其在中国政治、经济和社会生活中的不同功能，将事业单位分为行政执行类、社会公益类和生产经营类三种类型，不同类型的事业单位承担不同性质的任务，适用不同的改革思路。[②] 谢斌就事业单位存在的问题、面临的困境进行分析，然后从分类管理、制度建设等方面提出几点改革的思考。[③] 杨宇立认为公共服务类事业单位囿于对"公益"的狭隘理解，长期阻止民间资本参与竞争性供给，使改革打着貌似市场的旗号，沿着从计划垄断向市场垄断的歧路推进，造成相关服务价格刚性攀升的"夹生化"改革后果。作为事业单位改革实践组织者和指导者的赵子涛对事业单位分类改革的企业化模式、

① 成思危：《改革的核心是制度创新》，《资本市场》2008 年第 3 期。

② 张雅林：《顺应新形势新需要不断创新事业单位机构编制管理》，《中国机构改革与管理》2014 年第 Z1 期。

③ 谢斌：《事业单位改革的困境与路径选择》，《宁夏社会科学》2007 年第 2 期。

公益化模式、行政化模式进行了分析，并援引案例加以论证。[1]

刘太刚回顾了我国事业单位分类改革的历史，认为分领域的事业单位改革，本身就是一种分类改革，因为分类的基础在于各个领域（行业）事业单位不同的行业特点，可以说是事业单位分类改革的前奏；工资制度的分类管理则是事业单位分类改革的雏形。1996年中央机构编制委员会《关于事业单位机构改革若干问题的意见》确立的"根据事业单位的不同情况，分类进行改革"方针和"推行多样化的分类管理"思路标志着事业单位分类改革的正式提出；21世纪初期地方事业单位分类改革实践中，分类标准更明确，更具操作性。[2] 李春林等在深入贯彻党的十七大精神的基础上指出，推进事业单位分类改革，必须有新的视野和新的思考，尤其要在根本思考的基础上进行总体设计和全面推进。[3] 王妮丽认为事业单位分类改革不是简单的对号入座，将各种事业单位按照服务性质的不同分别转化成相应的社会主体，而是从总体上强调鼓励企业、非营利部门参与公共服务的具体生产，改变政府作为单一生产方的局面，在政府作为公共服务提供方的前提下形成一种多元竞争的格局，从而确保公共服务的质与量。[4] 左然以承担公权力和公益性公共服务的功能为标准，把事业单位分为行政监管类、行政与公益混合类、公益类、经营类四类，提出应当把承担监管职能和执法职能的行政类事业单位法人转变为独立监管机构或是法定执行机构，经营性事业单位不

①　赵子涛：《事业单位养老保险制度改革的几个基本问题》，《理论学刊》2011 年第 11 期。
②　刘太刚、邓婷婷：《参照公务员法管理事业单位将何去何从——对参公事业单位产生的原因及改革趋势分析》，《北京行政学院学报》2013 年第 2 期。
③　李春林、张国强、赵首军：《事业单位分类改革中面临的深层次问题及其启示——来自鄂尔多斯市和包头市事业单位分类改革的调研报告》，《中国行政管理》2008 年第 8 期。
④　王妮丽：《事业单位分类改革之辨析》，《经济研究导刊》2008 年第 18 期。

一定都转为企业，需要转制成为企业的事业单位原则上应当先整合，把事业做大做强后再成建制地转企，事业单位改革的方向应是建立中国特色的现代事业制度，主要包括建立事业单位法人治理结构和完善事业法人的监管制度。①

景朝阳认为，对于目前中国存在的事业单位，从法学理论和立法技术的角度看，有六种主体模式可作为其分类改革的制度选择：一是享有公共管理权力的法人，二是承担社会性职能的非营利财团法人，三是承担社会性职能的非营利社团法人，四是非营利企业，五是由非国有社会力量创办的提供某种社会服务的民办非企业单位，六是商事主体性质的企业法人。② 龚怡认为事业单位改革要顺利推行，必须对事业单位进行科学合理的分类，针对不同类型的事业单位采取不同的改革措施。③ 李黎伟认为文化事业单位的分类改革与新治理模式的探索，是深化文化体制改革、提高建设社会主义先进文化能力的迫切要求和重要内容。④ 王凯认为事业单位的改革应该着眼于改变目前事业单位浓厚的行政依附性的组织体制，创造条件使其逐步产生分类分化，向不同类型的独立法人主体或非政府性非营利组织体制变迁。⑤ 罗艳俊对政府收支分类改革的主要内容及特点以及财务工作的主要变化等问题进行了分析，指出在事业单位改革的方向上必须坚持分类改革。⑥ 詹国辉提出应注意政府合理干预服务提

---

① 左然：《构建中国特色的现代事业制度——论事业单位改革方向、目标模式及路径选择》，《中国行政管理》2009 年第 1 期。
② 景朝阳：《中国事业单位的概念考察》，《生产力研究》2007 年第 24 期。
③ 龚怡：《浅谈事业单位的分类改革》，《淮海工学院学报》（社会科学版）2009 年第 7 期。
④ 李黎伟：《文化事业单位分类改革与治理模式研究》，硕士学位论文，中央民族大学，2009。
⑤ 王凯：《事业单位固定资产累计折旧会计核算研究》，《工业技术与职业教育》2014 年第 12 期。
⑥ 罗艳俊：《政府收支分类改革对事业单位的影响》，《新疆农垦经济》2009 年第 6 期。

供、倡导公共服务竞争机制提高服务质量、建立完备的法律法规体系和监督机制等相关问题。① 黄恒学等运用"产品—需求"和"组织功能"标准，对事业单位分类提出了新的思路和框架。②

潘娟指出事业单位分类改革应注意以下几点：一是按照职能标准对事业单位进行合理分类；二是明确事业单位分类改革的目标和原则；三是按照不同的事业单位类别有针对性地确定和实施改革方法；四是制定并完善事业单位用人制度、分配制度、未聘人员安置及社会保障制度等。③ 吴雪云指出应根据不同类别事业单位的特点，采取不同的改革方式，让不同类型的事业单位各归其位、各行其道。探索深圳事业单位体制改革不断创新，继续深化，稳步推进的方法，以达到预期改革目标。④ 姜爱林认为未来改革的方向主要是在划分为承担行政职能的、从事公益服务的和从事生产经营活动的事业单位三个大类的基础上，只保留单纯的公益性事业单位。⑤ 项风华等探究了住房公积金管理机构的事业单位分类问题。⑥ 郭小聪认为事业单位分类改革的本质，必须从公共服务体制转型的宏观视角才能加以把握。⑦ 张国强认为对事业单位按功能分类，是事业单位分类的本位回归。⑧ 张彩云联

① 詹国辉、詹国彬：《事业单位改革的原则与路径选择》，《宁波经济》（三江论坛）2009年第6期。
② 黄恒学、宋彭：《正确认识公益事业体制及公益事业单位改革》，《北京行政学院学报》2013年第3期。
③ 潘娟：《我国事业单位分类改革问题研究》，硕士学位论文，吉林大学，2009。
④ 吴雪云：《事业单位分类改革中涉及医疗问题的应对与建议》，《经济师》2009年第8期。
⑤ 姜爱林：《事业单位养老保险制度改革为何困难重重——事业单位养老保险制度改革试点：推进状况、制约因素与破解对策》，《天津行政学院学报》2010年第12期。
⑥ 项风华、王逵昱：《浅谈住房公积金管理机构的事业单位分类问题》，《中国房地产》2010年第8期。
⑦ 郭小聪、聂勇浩：《事业单位分类改革：内在冲突及替代性方案》，《中国人民大学学报》2011年第25期。
⑧ 张国强：《事业单位分类改革之分类问题辨析——基于内蒙古事业单位分类改革实践》，《社会科学论坛》2011年第9期。

系潍坊市事业单位改制实际提出依法稳妥推进事业单位分类改革的思路和建议。①

王成东等认为分类改革是全面实施事业单位改革的首要任务，而将主要从事生产经营的事业单位企业化，则是分类改革遇到的难点之一。② 王为民从新公共服务视角分析中国事业单位的分类改革。③ 宋世明认为所谓的分类改革，即按照社会功能将现有事业单位划分为承担行政职能、从事生产经营活动和从事公益服务三个类别。④ 李文钊等基于非营利和公共服务均等化的逻辑，从融资和付费两个角度，重点对"公益性"的事业单位进行了细分，提出可以对其采取三种改革模式：①主要由政府承担费用的事业单位可以直接转化为公办非营利组织（基础性公共服务）；②主要由政府和私人共同承担费用的事业单位可以直接转化为公办非营利组织（选择性公共服务）；③费用主要由私人来承担或者由政府购买特定公共服务的事业单位可以直接转化为民办非营利组织。⑤ 李强从江苏等地的实际情况出发，主要基于组织理论的新制度主义学派视角，综合运用组织理论、公共管理学、经济学、法学等相关理论，对地方事业单位分类改革这一极具实践价值和理论意义的问题进行了研究。⑥ 李迪通过对事业单位改革历史四个阶段的回顾与事业单位改革现状的深入分析，结合自身工作所在地上海市闸北区对事业单位分类改革科学

① 张彩云：《依法稳妥推进事业单位分类改革的思考——以潍坊市为例》，《潍坊学院学报》2011 年第 11 期。
② 王成东、刘刚：《事业单位分类改革中企业化路径研究》，《前沿》2011 年第 22 期。
③ 王为民：《新公共服务视角下的中国事业单位分类改革》，《中国乡镇企业会计》2011 年第 5 期。
④ 宋世明：《事业单位将实行分类改革》，《学习月刊》2011 年第 9 期。
⑤ 李文钊、董克用：《中国事业单位改革：理念与政策建议》，《中国人民大学学报》2010 年第 24 期。
⑥ 李强：《地方事业单位分类改革研究》，博士学位论文，南京大学，2012。

合理分类、体制机制建立、实施方式方法、法律保障措施的探索以及从中获取的成效，进一步探究闸北区事业单位分类改革中遇到的问题。[①]

罗重谱认为要将事业单位分类改革与行政体制改革、非营利组织发展有机结合，促进公共服务供给主体多元化、供给方式多样化；建立健全事业单位运营绩效考评制度，加强对事业单位的监管。[②] 齐军从事业单位分类改革的角度出发，对事业单位以此为契机深化人事制度改革，进一步转换用人机制和搞活用人制度进行调查研究。[③] 王桂丽阐述事业单位改革的内在动因是事业单位定位不明，政事不分，效能低下。[④] 刘莹认为应在分类改革的基础上深化公益性事业单位改革，重点从内部治理机制、外部管理体制和保障、配套措施等方面进行研究，全面推进事业单位改革。[⑤] 崔晓锋以职能为标准将事业单位分为三类，每一类都有自己的改革方向，概括而言，我国事业单位的分类改革就是"甩掉两头，留下中间"。[⑥] 甘卫斌以广东省深圳市为例，对我国事业单位分类改革试点的成效进行了分析，总结了试点地区改革探索实践的成功经验及存在的问题，为在全国范围内加快推进事业单位分类改革提供了借鉴。[⑦] 张金亮指出事业单位分类改革是一项系统工程，其实质是政府、市场、社会三者关系在

[①] 李迪：《事业单位分类改革研究》，硕士学位论文，复旦大学，2012。

[②] 罗重谱、聂姣：《社区就业吸纳能力的影响因素及提升路径——基于武汉市青山区的实证调查与分析》，《学习与实践》2009年第2期。

[③] 齐军：《事业单位分类改革前后会计处理比较分析》，《中国管理信息化》2016年第19期。

[④] 王桂丽：《关于事业单位分类改革的思考》，《科技资讯》2012年第35期。

[⑤] 刘莹：《事业单位分类改革问题研究》，硕士学位论文，山东大学，2012。

[⑥] 崔晓锋：《我国事业单位分类改革相关问题浅析》，《商丘师范学院学报》2013年第29期。

[⑦] 甘卫斌：《深圳事业单位分类改革成效及问题初探》，《特区经济》2013年第8期。

经济社会发展过程中的调整与重构。① 田利以公益服务为切入点，结合事业单位改革中最基本的问题，对公益服务视角下的分类改革进行研究。② 管仲军分析探讨事业单位分类改革的重要方向——现代公益性事业组织，并以打造公益性责任主体为内在逻辑，从组织形式和运行机制上系统建构现代公益性事业组织，从而使事业单位的组织属性回归其"公益性"，进而真正成为具有独立公益主体资格的责任主体。③

程爽等指出经过多年的探索，如今我国事业单位改革已经进入新的阶段，确立了事业单位分类改革的基本方式。④ 何峥嵘认为要建立市场经济体制下中国特色的国家事业制度，还需在分类改革的基础上从组织的社会功能、价值目标、法律属性等方面对事业组织予以明确界定。⑤ 孙莹认为分类改革的设计首先要在明确价值和逻辑的前提下确定改革的标准尺度，如事业单位改革的价值取向，分类原则和标准等。⑥ 冯会玲从我国政治领域发展不尽如人意、分类推进事业单位改革的情境堪忧、分类推进事业单位改革的"瓶颈"、政事分开的可行性及度的把握不力四个方面对此进行了剖析。⑦ 阮丽桃以事业单位分类改革为视角，简单从三个方面分析了现有事业单位中存在的问题。⑧ 江礼义对我国事业单位分类改革中的问题、实施模式等

① 张金亮：《事业单位分类改革宏观视角分析》，《机构与行政》2013 年第 4 期。
② 田利：《公益服务视角下事业单位分类改革研究》，硕士学位论文，天津商业大学，2013。
③ 管仲军：《面向现代公益事业组织的事业单位分类改革研究》，《北京行政学院学报》2014 年第 2 期。
④ 程爽、孙红军、李红、滑志鹏：《事业单位分类改革问题研究》，《绿色科技》2014 年第 7 期。
⑤ 何峥嵘：《从事业单位到事业法人》，《行政论坛》2015 年第 22 期。
⑥ 孙莹：《浅析新会计制度下如何加强事业单位财务管理》，《财经界》（学术版）2016 年第 11 期。
⑦ 冯会玲：《我国分类推进事业单位改革的问题》，《天水行政学院学报》2015 年第 16 期。
⑧ 阮丽桃：《事业单位分类改革必要性问题探讨》，《企业改革与管理》2016 年第 10 期。

进行了探讨。① 刘洪安认为事业单位分类改革是事业单位改革的大势所趋，从事业单位分类改革的困境和策略出发，论述事业单位改革应注意的问题和可采取的措施。② 黄宜荣指出为了保证分类改革的有序进行，当前的要求是先试点后推进，这一过程则要求按照因地制宜的原则展开。③ 吴斌才将公益性事业单位分为两个类别——公益一类、公益二类，认为实现政府、市场和社会三种供给机制的有效整合是公益性事业单位改革的实质，公益性事业单位改革的方向是建立现代公益性事业组织。④ 左海燕分析了事业单位的主要分类方式，针对不同类型的事业单位，探讨了其改革轨迹，总结了改革经验，提出了今后改革的走向判断。⑤

20世纪90年代中共十四大确立了社会主义市场经济体制的基本路线后，尽管分类推进事业单位改革已取得众多成效，例如在社会保障改革敏感问题方面做出了突出贡献，但总体而言这项改革的推进并不理想，至少"科学分类"至今尚未完成，同时还面临诸多亟待解决的难题。其取得的成效主要有两个方面。一方面，传统事业单位存在的问题和弊端得到了一定程度的缓解，向现代事业制度迈出了一大步，较好地适应了市场经济发展的要求。另一方面，事业单位改革工作和大胆尝试积累了丰富而宝贵的经验，为下一步的改革奠定了坚实的基础，同时，也为深化事业单位改革创造了良好的社会环境。我国事业单位改革过程中存在的不容忽视的问题突出表

① 江礼义：《事业单位分类改革的实施模式及其未来选择》，《管理观察》2016年第30期。
② 刘洪安：《事业单位分类改革的困境与策略解析》，《财经界》（学术版）2016年第22期。
③ 黄宜荣：《关于事业单位分类改革重大问题的理性思考》，《经济研究导刊》2016年第21期。
④ 吴斌才：《多重属性、混合供给与公益事业单位改革取向》，《重庆社会科学》2016年第2期。
⑤ 左海燕：《中国事业单位分类改革轨迹及走向判断》，《经营管理者》2016年第17期。

现为事业单位改革没有与政府机构改革同步，没有与政府职能转变同步，没有充分适应市场经济发展的要求。具体表现在以下几个方面。①政事不分、事企不分，政府职能转变迟缓。事业单位的分类改革过程中应对"政事分开"的含义进行明确界定，"政事分开"有别于"政企分开"，概念的模糊极易造成人们对改革认识的偏差。②事业单位人员过多，财政负担沉重。③机构和企业改革中的人员分流增加了事业单位的人事负担。④事业单位改革配套政策相对滞后。

针对上述问题，我国事业单位分类改革应遵循以下思路。

首先，按照政事分开、事企分开的要求，建立一个适应社会主义市场经济体制需要、精简高效、机构合理、富有弹性的现代事业组织体系。事业单位分类改革要以最大限度地提高公共服务水平为目的，尽可能满足社会公众多元化的需求，加强政府对社会参与公益性事业的引导，强化政府对事业单位的监督管理。

其次，事业单位要有一定的自主权。要根据行业性质、业务范围及人员特点，建立起适合本单位特点、促进事业发展的管理制度。具体如行政主管部门要下放事业单位具体事务管理权限，进一步扩大事业单位的业务运行和招募、考核、培训、奖惩等方面的自主权。在条件具备的事业单位，探索符合本单位实际情况的法人治理形式，在有关部门和社会公众的监督下依法自主运作，独立承担民事责任。

最后，制定并完善事业单位分类改革的相关配套措施。在用人制度方面，事业单位分类改革要求以转换用人机制为重点，全面实行事业单位人员聘用制。实现由单纯行政管理向法制管理转变，由行政任用关系向平等协商的聘用关系转变，由身份管理向岗位

管理转变。在收入分配制度方面，按照职位性质及工作绩效确定
工资待遇，探索管理、技术等生产要素参与分配的实现形式和办
法，实行按岗定酬、按任务定酬、按业绩定酬的多种分配制度，
使分配向关键岗位和业务骨干倾斜，逐步实行"一流人才、一流
业绩、一流报酬"的分配机制。在激励和监督机制方面，正确引
入期权激励体制，建立科学的考核评价体系，建立符合事业单位
特点的宏观管理和人事监督制度。在人员保障方面，据本地区改
革进程和事业单位实际情况，建立并完善事业单位职工养老保险、
失业保险、医疗保险、社会保险等的社会保障制度，着力研究事
业单位分类改革中的分流人员、下岗落聘人员和今后事业单位新
进人员的社会保险问题以及建立多层次、多形式的未聘人员安置
制度。

三　法律视角下的事业单位改革研究

　　寨利男针对目前行政法学对行政相对人理论的忽视问题，建议
对行政相对人的相关理论予以足够的关注，并对目前事业单位行政
相对人的地位进行了重新审视。[①]　许英结合事业单位治理现状，对影
响事业单位法人治理结构的相关因素进行初步探讨，其影响因子主
要包括内部外部两大类：外部要素主要有政治因素、社会因素、财
政因素、服务对象因素；内部要素主要有组织结构、产权关系、委
托代理关系、人事及分配机制、监督机制。[②]　孙晟提出建立事业单位
法人治理结构的途径是：深化事业单位管理体制改革，推进政事分

[①]　寨利男：《事业单位的行政法地位研究》，硕士学位论文，中国政法大学，2006。
[②]　许英：《事业单位法人治理结构影响因素初探》，《经济师》2008 年第 7 期。

开，充分保障事业单位的独立法人地位；规范准入规制，鼓励事业单位适度竞争；加快事业单位人事制度改革；强化事业单位法人监管；完善事业单位管理立法，细化事业单位登记管理、产权管理等方面的法律法规。此外，事业单位法人治理结构的建立还应遵循法定的程序和规范。① 李玉兰认为事业单位要走向市场，成为能够自我发展、自我约束、独立参与市场竞争的主体，就必须建立与之相适应的法人结构。②

谢一帆认为建立法人治理结构是深化事业单位改革的必然要求，是解决事业单位现实困境的迫切需要，亦有国内外相关实践的示范经验；事业单位法人治理结构改革宜分步而行，分类设计模式，健全配套机制，加强制度保障。③ 黄晓洪等认为我国事业单位的监督机制存在权力不能相互制约的问题，完善的事业组织监督机制的建立和法人产生制度密切相关。④ 徐澜波等提出要扩大现有事业单位法人的内涵，构建事业法人的概念，使事业法人能够包容法人型民办非企业单位和原事业单位法人，可以有效而简便地解决上述困境。⑤ 廖克勤认为事业单位改革中的法律制度存在缺失，影响了事业单位改革的深入开展，事业单位改革必须符合事业单位法律特征的要求，依法界定政府的管理职能，注重法律适用的平等，注重法律的价值取向，依法确保程序的正当。⑥ 左益洋等从构建事业单位法人治理结

① 孙晟：《事业单位法人治理结构研究》，硕士学位论文，山东大学，2008。
② 李玉兰：《关于事业单位法人治理结构构建的思考》，《商场现代化》2008 年第 13 期。
③ 谢一帆：《法人治理结构：事业单位改革的新课题》，《兰州学刊》2008 年第 7 期。
④ 黄晓洪、黄心华、李红梅：《法人治理下事业单位监督机制研究》，《商业时代》2009 年第 35 期。
⑤ 徐澜波、李丹：《构建事业法人，明确民办非企业单位法律主体地位》，《上海财经大学学报》2009 年第 11 期。
⑥ 廖克勤：《事业单位改革的法律思考》，《湖南人文科技学院学报》2010 年第 4 期。

构的角度进行思考，通过分析事业单位治理结构的缺陷，提出改革事业单位法人治理结构的总体构思。[①] 赵锟从组织的三个基本方面即理事会决策机制、激励机制、监督机制着手构建，认为组织的领导与决策问题是研究事业单位法人治理机制首先要解决的问题，是事业单位法人治理机制系统的核心。[②] 姚伟达认为推进事业单位法人治理结构建设，不仅是创新事业单位管理体制的迫切需要，也是促进政府职能转变的内在要求。[③]

王立京提出保证公益类事业单位法人治理结构的实际运作，要提高治理效率，必须做到规范的治理结构、有效的治理机制、相应的治理规则三者的有机结合，缺一不可。[④] 李雅莉等认为建立和完善事业单位法人治理结构是建立现代事业单位法人制度的核心内容，建立事业单位法人治理结构是实现法人本质的要求，是推行依法治理的需要，是推进事业单位改革的需要。[⑤] 董红认为现行法律将公立高校定位为事业单位法人，使其仅仅具有民事主体资格，而不具有行政主体资格。[⑥] 任进认为事业单位承担行政职能，应以法律、行政法规、地方性法规和党中央国务院文件规定为依据，以是否履行行政职能为标准，坚持从严认定，积极稳步推进、分步实施，改革方向是职能归位、调整机构。[⑦] 鹿国帅认为在事业单位法人治理运作过

---

① 左益洋、彭勃：《法人治理结构视域下的事业单位改革》，《中国商界》（上半月）2010 年第 8 期。

② 赵锟：《事业单位法人治理机制研究》，硕士学位论文，中国政法大学，2011。

③ 姚伟达：《事业单位法人治理结构建设研究》，博士学位论文，中央民族大学，2011。

④ 王立京：《科学建构法人治理结构的制度规范与保障回应"探索事业单位法人治理改革"》，《中国卫生人才》2011 年第 12 期。

⑤ 李雅莉、王付林：《建立和完善事业单位法人治理结构的探析》，《决策探索》（下半月）2011 年第 4 期。

⑥ 董红、王有强：《关于公立高校法律地位的思考》，《黑龙江高教研究》2012 年第 30 期。

⑦ 任进：《行政管理型事业单位及其改革》，《行政管理改革》2010 年第 8 期。

程中，必须始终坚持以充分表现并不断巩固事业单位法人的公益性为前提进行整个运作。[①] 郭加强分析了法人治理结构国内外研究现状、事业单位法人治理理论和事业单位法人治理结构存在的问题等，并提出了昆明市公益类事业单位法人治理结构的目标模式，有针对性地提出了建立昆明市公益类事业单位法人治理结构的保障措施和对策。[②] 姜鳕桐借鉴企业法人治理结构的经验，构建事业单位法人治理结构运行机制模型，提出通过权利/权力制衡机制和激励约束机制建立和完善事业单位法人治理结构的主要论点。[③]

宋彭认为法人自治基础上的科学管理是现代公益事业组织的基本要求和基本特征，公益类事业单位内部治理模式改革的核心是构建与组织属性相符合的法人治理结构。[④] 余俊毅从行政法的角度出发，在分析行政类事业单位的概念、法律地位的基础上，梳理出现有规制体系下主要的规制难题，参考学习西方国家对类似职能公共服务机构的规制方式，从法律法规、行政规制、司法规制三个方面提出完善行政类事业单位法律规制的方法。[⑤] 王侃从历史、理论、立法等角度，描述了事业单位的流变，指出了其法律地位的困境和现实中的问题，并根据类型化的方法提出了重构方式。[⑥] 田甜通过对比国外传统法人分类和我国现行的法人立法模式，深入探讨了事业单位法人制度的定位困惑，得出了在我国现有法人规定基础上重构事

① 鹿国帅：《我国事业单位法人治理结构建设的研究》，硕士学位论文，山东师范大学，2012。
② 郭加强：《昆明市公益类事业单位法人治理结构研究》，硕士学位论文，云南大学，2012。
③ 姜鳕桐：《刍议事业单位法人治理结构的运行机制》，《辽宁省社会主义学院学报》2012年第1期。
④ 宋彭：《现代公益事业法人治理结构研究》，《陕西行政学院学报》2012年第26期。
⑤ 余俊毅：《论行政类事业单位的法律规制》，硕士学位论文，暨南大学，2013。
⑥ 王侃：《事业单位法律地位研究》，硕士学位论文，西南政法大学，2013。

业单位法人制度的初步结论。① 查竞春对"事业单位法人治理结构"
及其分解的"事业单位、法人、治理、结构"等词进行解析，分析
其概念及重点关注内容。② 程辛荣阐述了理事会制度在治理结构框架
下政校行企多方合作机制以及合作案例，并就法人治理结构实践提
出几点思考。③ 高鹏程通过对事业单位进行清算，分析了事业单位的
法律地位和现实风险。④

李萌萌提出，我国高校被法律赋予了事业单位法人地位，但是事
业单位自身存在定位模糊、政事不分和事企不分的问题，加上事业单
位法人的定位是基于民事法律关系而言的，导致高校缺乏公法地位，
涉高校案件缺乏司法救济，不利于维护学生的受教育权和教师的合法
权益。⑤ 刘霞认为事业单位法人治理结构的建立对现有管理体制带来
较大挑战：一是对现有管理体制的挑战；二是对现有人事制度的挑
战；三是对现有外部对接循环系统的挑战。⑥ 叶伦等通过对浙江省事
业单位法人治理结构试点改革的考察发现，虽然试点单位基本搭建了
法人治理结构框架，并在许多方面进行了改革尝试，但试点工作还存
在法人治理流于形式等诸多不足。⑦ 燕杰贵认为建立和完善事业单位
法人治理结构是分类推进事业单位改革的一项重大制度创新，是事业
单位由传统管理迈向现代治理的必由之路，是全面推进社会治理体系

---

① 田甜：《论事业单位法人制度的重构》，硕士学位论文，山西大学，2013。
② 查竞春：《事业单位法人治理结构概念解析》，《特区实践与理论》2013 年第 1 期。
③ 程辛荣、袁勇：《试点法人治理结构促进学校科学发展——广东食品药品职业学院探索事业单位法人治理结构》，《广东职业技术教育与研究》2013 年第 1 期。
④ 高鹏程：《事业单位清算：法律地位和现实风险》，《行政管理改革》2014 年第 5 期。
⑤ 李萌萌：《行政法视野下我国高校的法律地位研究》，硕士学位论文，安徽大学，2014。
⑥ 刘霞：《建立法人治理结构与事业单位改革》，《中共浙江省委党校学报》2014 年第 30 期。
⑦ 叶伦、薛圣白：《事业单位法人治理结构建设对策——以浙江省事业单位法人治理结构试点改革为例》，《人民论坛》2014 年第 8 期。

和治理能力现代化的重要途径。^① 曹宝於提出建立和完善事业单位法人治理结构是适应时代发展的迫切要求。^② 姜蕙指出明确事业单位法人治理结构的内涵和作用，建立健全公益性事业单位法人治理结构，是推进事业单位改革的重要内容，是解决公益性事业单位发展深层次矛盾和问题的根本措施。^③ 张智文认为法人治理结构是加强政府职能转变，创新管理体制，实现政事分开、管办分离的改革措施。^④ 戴珩提出要通过政府加大自身改革力度、完善相关配套政策、鼓励和引导社会力量参与，完善文化事业单位法人治理结构内部治理机制、健全和完善文化法律法规体系，推进建立和完善文化事业单位法人治理结构。^⑤

周详指出明确法人内涵是"依法治校"的前提条件，这一目标的实现有赖于相关行政组织机构法对事业单位法人进一步赋权，并给予大学稳定的制度环境。^⑥ 何峥嵘提出事业单位改革的关键在于借鉴公法人理论，赋予事业单位独立的法律人格，使其从计划体制下的事业单位走向市场体制下的事业法人。^⑦ 吕永邦认为法人治理结构能够解决事业单位所有权归属、所有权与经营权分离等问题，事业单位法人建立并完善法人治理结构，实施以理事会或董事会为架构的法人治理结构是事业单位改革的有效途径。^⑧ 刘小康认为法人治理

---

① 燕杰贵：《事业单位法人治理结构的实践与探索——以东营市人民医院为例》，《机构与行政》2014 年第 4 期。
② 曹宝於：《建立和完善事业单位法人治理结构探析》，《决策》2014 年第 7 期。
③ 姜蕙：《事业单位法人治理结构初探》，《机构与行政》2014 年第 6 期。
④ 张智文：《事业单位改革的和谐之路》，《陕西行政学院学报》2014 年第 28 期。
⑤ 戴珩：《文化事业单位法人治理结构的理论逻辑和实践路径》，《图书馆建设》2015 年第 2 期。
⑥ 周详：《我国公立大学的法律属性与依法治教的推进》，《中国高教研究》2015 年第 11 期。
⑦ 何峥嵘：《从事业单位到事业法人》，《行政论坛》2015 年第 22 期。
⑧ 吕永邦：《事业单位法人治理结构模式与路径选择》，《中国武汉决策信息研究开发中心、决策与信息杂志社、北京大学经济管理学院　"决策论坛——科学决策的理论与方法学术研讨会"论文集（下）》，中国武汉决策信息研究开发中心、决策与信息杂志社、北京大学经济管理学院，2015。

结构本是一个外来语，如何准确把握法人治理结构的内涵与本质，并成功应用于中国事业单位体制机制创新实践，需要相应的理论准备作为支撑。[1] 周晓梅等认为建立事业单位法人治理结构，是对现行事业单位管理体制机制的重大变革，要立足于确保公益目标实现，着眼于增强法人自主权。[2] 冯冰梳理了改革开放后历次政府机构改革中"三定"规定的政策演变历程，分析了"三定"规定法律体系的弊端，并从国际经验借鉴及国内某事业单位两个角度对事业单位"三定"规定的法律地位进行了实证研究。[3]

秦奥蕾认为深化事业单位法人治理结构改革，需要我们切实运用法治思维和法治方式，着力加快事业单位立法，这是由事业单位法人的法律属性决定的，也是解决改革实践中各种问题的必由之路。[4] 李治燕认为作为党政机关附属物的事业单位，在法人治理结构方面存在决策技能不健全等多方面的问题，并且始终没有在真正意义上建立一个法人治理结构，严重制约和影响了事业单位的发展。[5] 廖敏等认为探索建设事业单位法人治理结构，是事业单位体制机制创新的关键一环，也是目前已明确的改革模式，而完善事业单位法人治理体系建设应当把握公平、法制和务实的原则。[6] 刘安庆借鉴国内外企业法人治理结构的先进经验，通过构建以理事会等为核心的治理架构，探索实现事业单位由传统管理走向现代治理的改革路

---

[1] 刘小康：《建立事业单位法人治理结构的理论再探讨》，《北京行政学院学报》2015 年第 2 期。

[2] 周晓梅、李学经：《事业单位构建法人治理结构的探索与思考——以广东为例》，《中国行政管理》2015 年第 7 期。

[3] 冯冰：《事业单位绩效工资考核发放浅见》，《改革与开放》2016 年第 19 期。

[4] 秦奥蕾：《以立法引领和推动事业单位法人治理结构改革》，《中国行政管理》2016 年第 8 期。

[5] 李治燕：《建立和完善事业单位法人治理结构的途径》，《现代企业》2016 年第 3 期。

[6] 廖敏、邹斌：《我国事业单位法人治理模式探析》，《中国商论》2016 年第 21 期。

径。① 王相华认为在改革政策的强力推动下，公益性文化事业单位法人治理结构建设试点工作扎实推进，理事会及配套制度建设实现突破，促进了体制机制的创新。② 陈运雄等认为优化事业单位法人治理结构的路径有三个：一是探索出资主体多元化，夯实法人治理结构建设的基础；二是健全组织架构，优化运行机制；三是推进配套改革，营造良好的制度环境。③ 王晓鹏认为目前最重要的目标就是改革事业单位的法人治理结构，并且走向加强管理会计创新之路。④

苗大雷以国家治理现代化思想为指导，指出事业单位改革应着力构建政府主导、市场运行、社会介入和个人参与的新型治理体制，可以通过两步走战略实现：首先，落实分类改革，注重修订并完善登记、监督和管理制度，建立事业单位法人治理结构，推进制度化和民主化建设；其次，在分类改革完成后，推动事业单位立法工作，加强法治化和文明化建设。⑤

我国事业单位立法是中国特色社会主义法律体系的短板，一直比较薄弱。对事业单位法人进行法律规制是今后国家和学者探索研究的重点，建立和完善事业单位法人治理结构是事业单位改革的重要内容，是实现事业单位体制机制创新的迫切需要，也是实现事业单位自身长远发展的制度保障。我国事业单位法人治理结构起步较晚，导致事业单位法人治理结构改革整体推进速度较慢，在法人治

① 刘安庆：《事业单位绩效考核：探索中的经验、问题与对策》，《机构与行政》2015 年第 5 期。
② 王相华：《公益性文化事业单位法人治理结构建设的浙江实践》，《文化艺术研究》2016 年第 9 期。
③ 陈运雄、李亚玲：《事业单位法人治理结构建设的思考》，《求索》2016 年第 11 期。
④ 王晓鹏：《完善事业单位法人治理与管理会计创新的路径研究》，《财经界》（学术版）2017 年第 5 期。
⑤ 苗大雷、曹志刚：《国家治理现代化视野下的事业单位改革研究》，《武汉科技大学学报》（社会科学版）2017 年第 19 期。

理结构方面的立法还很粗略，存在漏洞，没有法人破产的规定，法人设立条件过于简略模糊，事业单位法人定性范围不准确等。《事业单位登记管理条例》对于事业单位法人制度的规定过于模糊，需要国家和学者积极探索研究以弥补不足。除《民法通则》进行原则性规定外，只有文化、教育、科技、卫生等方面的行政法律法规和有些零散的规定，法律法规还不健全，制度管理还不到位，《民法通则》已无法适应当前中国的政治、社会、经济和文化需求。

2017 年 3 月 15 日《民法总则》正式问世，《民法总则》在法人制度制定方面在很大程度上超越了《民法通则》和相关法律，做了诸多契合现实需求的新规定。主要实现了以下几个方面的突破。①依据《民法总则》第 58 条，法人设立以准则主义为原则，即自然人设立的组织体只要符合法律、行政法规规定的，都可取得相应的法人资格，登记机关不能拒绝登记。该条规定"设立法人，法律、行政法规规定须经有关机关批准的，依照其规定"，表明只有法律、行政法规才能设置法人成立的许可前置要件。②《民法总则》将法人的基本种类分为"营利法人"和"非营利法人"。③明确了营利法人和非营利法人的范围和根本特征。④《民法总则》将机关法人、农村集体经济组织法人、城镇农村合作经济组织法人和基层群众性自治组织法人，规定为特别法人。《民法通则》中对营利法人与非营利法人的分类有助于推动社会主义市场经济改革，但在民法典体系中作此规定的妥当性不足。法人制度的具体规范并不能从这一分类方式中演绎出来，法人的内部争议与外部纠纷也不能据此得到解决，我国仍需构建妥当的法人治理结构和权力分配机制。从法人制度出发，立法者能够通过法律预设的规范类型，为法人内部意见形成与外部第三人利益保护提供基本框架。从法理上讲，法人制度是立法者平衡各方利益、进行利益选择的结果；从经济学的角度讲，法人制度体现了通过典型化方式减少信息不对称现象，进而节约交易成本的考量。因此，法人制度的设置实际上是设定妥当的法人类型，维持交易秩序的要求。如何设置具体的法人制度，首先依赖于如何将法人进行分类。《民法总则》充分发挥了组织和动员社会各方面力量的功能，弥补了《民法通则》调整市场以外的社会领域的欠缺。此外，《民法总则》对非营利法人的规定相对粗疏，并且针对事业单位、社会团体等不同类型的法人进行特别规定的分类方式实际上消解了非营利法人规范的一般性内容。为了实现民法典的体系妥当性价值，应当在民法总则中对非营利法人进行一般规范抽象而非逐一列举。因此真正践行尚需若干配套单行法和法规。

法人制度的一个重要立法目的在于实现国家对不同法人类型的区别规制，它承载着不同的规范价值。探索建立和完善事业单位法人治理结构，是涉及事业单位管理体制和运行机制的重大变革，难免会出现很多问题，因而不能操之过急。事业单位建立法人治理结构后，主管部门对事业单位的具体管理职责将由事业单位理事会来行使，这样既保证了主管部门下放权力又激发了事业单位发展活力。但是，放权并不意味着撒手不管，而是应在放权的同时形成有效的监管机制，这样才不会重蹈近些年来由于事业单位的市场化改革过度而全面趋利化的覆辙。

加快事业单位法人治理结构改革，需要我们进一步创新理念，着力加快事业单位立法，有效发挥立法对改革的引领、推动和保障作用。①建立各方参与、各负其责、相互制衡的法人治理结构，要以立法保障和推动法人治理结构改革。建立和完善事业单位法人治理结构的核心是在国家层面明确事业单位法人的独立地位，通过规范其行为保障公益目标实现。②要充分借鉴国外法人治理经验，参考我国其他法人立法实践，做好顶层设计。根据我国事业单位法人治理结构改革方向，构建起与国家治理体系和治理能力现代化目标相适应，统一规范、层次分明、内在协调的事业单位体系。③从根本上保证事业单位法人的独立性，在立法上明确界定决策层及管理层的法定职能。要确立理事会的决策监督职能。把政府直接"办"事业单位的职能交给理事会，可以使事业单位法人经由理事会这一机构获得自身重大问题的决策权、管理权、监督权。减少微观管理和直接管理，使事业单位独立自主经营、提高公益服务质量和效率，保障法人治理结构顺畅运行。④进一步明确与完善法人分类。针对《民法总则》关于法人分类的不足，营利法人与非营利法人的界分标准还有待完善，同时营利法人与非营利法人作为法人的基本类型，要适当扩大非营利法人的范围。在立法上，我国应当采取公法与私法的基本划界方法，明确规定公法人与私法人的基本分类。

第一章　事业单位的概念考察
和制度沿革

一　概念追问：中国事业单位制度的内涵考察

（一）事业单位制度内涵考察的必要性

从认识论的角度出发，概念是认识事物的第一步。从法理学层面上讲，"法律概念可以被视为是用来以一种简略的方式辨识那些具有相同或共同要素的典型情形的工作性工具"[①]，但是，"当概念被视为真实存在并已全然无视后果的方式被发展到其逻辑的极限时，概念就不再是仆人而是暴君了"。[②] 事业单位尽管作为一类重要的民事主体在中国已有半个多世纪的历史，似乎有着明确的内涵和外延，但事实并非如此，学界对事业单位内涵的认识还相当模糊。"事业""单位""事业单位"这些概念中，"事业"一词我国的理解与其他

[①] 〔美〕E. 博登海默：《法理学：法律哲学与法律方法》，邓正来译，中国政法大学出版社，1999，第 484 页。

[②] 〔美〕E. 博登海默：《法理学：法律哲学与法律方法》，邓正来译，中国政法大学出版社，1999，第 489 页。

国家和地区不尽一致，而"单位""事业单位"这些概念则完完全全是我国特有的概念，国外没有与之完全对应或基本对应的概念。正因为如此，有关事业单位的学术讨论客观上只能是关起国门自说自话，没有与国际上直接对接的话语平台。① 在国内，这些基本的概念学者尚未认真考证过，也没有达成一致的意见。无论在日常口语中还是在学术研究中，对这些概念的内涵指向与外延范围的认识都不一致，统一的话语体系尚未形成，这在相当大程度上影响了对事业单位制度研究的深入开展和基本共识的达成。因此非常有必要厘清事业单位的基本概念问题。"事业单位现在看起来是一个很笼统的概念，什么是事业？什么都可以是一个事业，学校是事业，体育也是事业。那么，过去把一切都归纳在事业单位里面，现在不行了。"② 因此，要研究中国的事业单位法人制度，必须对一些最基本的概念进行深究和追问。"事业单位改革涉及面广，情况复杂，规范概念是前提。"③ 那么，事业单位的含义到底是什么呢？事业单位到底是不是一个确定的法律术语呢？④ 这些问题有待于对"事业单位"概念进行追根溯源，才有可能把研究引向深入。

---

① 由于中国事业单位在国际上没有对应的概念，因此英文的翻译也五花八门。"事业单位，无论其称谓还是机构性质在西方发达国家都没有对应的词，可以说这是典型的中国特色。许多专业人士反复斟酌，给了其一组对应的英文 Public Service Unit（公共服务机构），其定义是指在教育、医疗、科研、文娱、体育以及农业技术服务等领域为社会公众提供公共服务的机构和组织的总称。"对事业单位的翻译，有过"Public Service Unit""Public Institutions""Institutional Units""Non‐Profit Organizations"等。目前学术界对事业单位的翻译已经达成共识。世界银行课题组即采用了"Public Service Unit"，笔者就此问题请教过在北京大学访问的美国天主教大学的卡拉·塞蒙教授，她说"事业单位"甚至可以直接翻译为"Shiyedanwei"。
② 江平：《体育组织与体育运动中的民事法律问题》，法大新闻网，http://news.cupl.edu.cn/news/2024_20041109080319.htm。
③ 张雅林：《审视事业单位的概念误区》，《中国行政管理》2003 年第 2 期。
④ 据笔者所做的文献检索，尚没有全面翔实的资料对"事业单位"的词源进行考察。

（二）事业单位基本概念考察

1. "事业"概念解析

《现代汉语词典》这样解释"事业"一词："①人所从事的，具有一定目标、规模和系统而对社会发展有影响的经常活动的：革命事业/科教文化事业/事业心强；②特指没有生产收入，由国家经费开支，不进行经济核算的事业（区别于企业）：事业费、事业单位。"① 笔者认为，出版于1979年的《现代汉语词典》对"事业"的词条和义项的解释反映出那个时代人们比较普遍的认识：事业单位经费由"国家经费开支"的说法基本符合事实。② 实际上，"事业"一词在中国大陆经过半个多世纪的使用，已经具备了独特的固定内涵。"事业单位""事业编制"这些词，在中国的城市社会里，几乎对每个社会人来说都是耳熟能详的。然而在我国台湾地区，虽同属汉语地区，但是"事业"一词的法律含义与大陆迥然不同：在台湾学者看来，"事业"等同于"企业"，例如台湾《公平交易法》第10条规定："独占事业不得有下列行为：以不公平之方法直接或间接阻碍其他事业参与竞争；对商品价格或服务报酬，为不正之规定，维持或变更；无正当理由，使交易相对人给予特别优惠；其他滥用市场地位之行为。"③ 在这段话中，可以清晰地看出：所谓"事业"就是大陆所指的"企业"。还有，王泽鉴先生在其著作《民法总论》中，就把"企业"与"事业"作为同义词。原文是："企业

---

① 《现代汉语词典》，商务印书馆，2002，第1153页。
② 赵立波：《事业单位改革——公共事业发展新机制探析》，山东人民出版社，2003，第9页。
③ 赖源河编审《公平交易法新论》，中国政法大学出版社，2002，第188页。

（或称事业 Unternehmen）系一有组织的经济单位，从财产法的观点言，乃结合物（所有权）、无体财产权、债权、商誉、劳动关系及顾客关系的组织体。"① 显然，台湾地区的"事业"一词在法律上的内涵指向与大陆有很大不同，由此判断，"事业""事业单位"这些概念都是在特定历史条件下形成的，并不是法律技术层面的概念。

2. "单位"概念解析

如何理解"单位"这一概念呢？客观地说，"单位"在中国社会的话语系统中已经是一个使用频率极高的词了②。在当代中国，单位几乎成为城市人社会化的一个最重要的标志。有学者甚至套用费孝通先生"乡土中国"的提法，认为"单位中国"可以概括中国的面貌和特色。的确，单位在中国不仅是人们安身立命和社会化之处③，还是国家管理社会的最基本单元。"城市单位体系是在政治计划力量的主导下形成的一种格局，单位确实具有一种超出其各自社会分工性质之上的共同性质。"④ "单位"一词，在《现代汉语词典》中有两个含义：一是"计量事物的标准量的名称"；二是指"机关、

---

① 王泽鉴：《民法总则》，中国政法大学出版社，2001，第 236 页；廖义男：《企业与经济法》（台湾大学法学丛书之 18），1980，第 19 页。

② 刘建军：《单位中国》，天津人民出版社，2000，前言部分。笔者在 Google 上做了关键词为"单位"的搜索，发现有 12100000 个查询结果，足见"单位"在中国已经成为一个被普遍接受的词了。

③ 从民法的角度来看，单位实际上还赋予其组织内部的个人以某种权利能力，因而在这个意义上单位成为中国的自然人个体提升身份属性的社会位阶的重要因素。所处单位的不同，可以使具有相同禀赋和外在条件的人的身份属性、行为能力和获取社会资源的机会产生天壤之别。在笔者看来，我国自然人民法上某些社会化的身份权的获得主要来自单位这种组织形式，单个自然人行为能力的大小也在很大程度上取决于其所从属的单位。比如一个教授只有在一个被称为单位的大学任职，才能被社会认可。同样一个老师，如果从一个名不见经传的院校调到一个全国知名的高校，他或她的行为能力和社会声誉会得到很大提升——这在中国几乎是常识。国家单位体制中的每个人都是为了这种身份上升方向的不断转换而努力再努力。在进行社会主义市场经济建设的今天，的确到了反思这种单位制度如此强烈身份属性的时候，单位意识应该逐渐淡化。

④ 路风：《单位：一种特殊的社会组织形式》，《中国社会科学》1989 年第 1 期。

团体或属于一个机关、团体的各个部门"。"事业单位"中的"单位"是后者的含义。可以说，"单位"是中国独有的概念。英文有学者径直译为"Danwei"①，而不是"Unit"。

从目前学术界对单位的研究成果来看，对单位这一概念的界定至少包括以下几种。"单位是我国各种社会组织所普遍采取的一种特殊的组织形式，是我国政治、经济和社会体制的基础。"②"单位是中国社会经济和政治生活的基本组织形式。"③"单位是中国社会组织和调控的一种特殊的组织形式，在社会长期发展的过程中，单位构成基本的调控单位和资源分配单位。"④"单位是一种一元化的集体组织形态，是隶属于国家的职能部门。国家是一个耸立在单位之上的大单位，它是由千百万块'单位基石'逐级垒造而成的金字塔。农村政社合一的组织和城市中所有的集体组织均被视为单位。""单位是组织化控制的手段，是一个由高度制度化的庇护者－受庇护者的庇护关系所构成的基本的社会单元。"⑤"单位是一个国家的缩影，它是一个集政治、经济、安全、福利所有职能为一身的组织，一方面，它是公共物品的提供者，承担相当程度的社会组织、管理以及意识形态传播的功能，是社会与政治的组织者，另一方面，它又是非公共物品的提供者。"⑥"单位是在中国社会调控体系中以实现社会整合和扩充社会资源总量为目的的制度化组织形式，是国家与个

---

① 例如，刘建军《单位中国》中的英文摘要部分就是把"单位"译为"Danwei"的。刘建军：《单位中国》，天津人民出版社，2000，第 1~6 页。

② 路风：《单位：一种特殊的社会组织形式》，《中国社会科学》1989 年第 1 期。

③ 朱光磊：《当代中国政府过程》，天津人民出版社，1997，第 349 页。

④ 王沪宁：《从单位到社会：社会调控体系的再造》，《公共行政与人力资源》1995 年总第 1 期。

⑤ 李猛等：《单位：制度化组织的内部机制》，《中国社会科学季刊》（香港）1996 年秋季卷总第 16 期。

⑥ 李强：《国家能力与国家权力的悖论》，《中国书评》1998 年第 2 期。

人之间的连接点。"通过考察可以发现，以上的界定有两个共同点：单位是一种制度化的组织形式，是中国城市社会的基本单元。但是，单位并没有确定的法律含义。其中，事业单位、行政单位是最典型的"单位"，国有企业也是典型的"单位"，农村基层组织不属于单位范畴。

我国长时间以来以单位所属的行业和承担的职能作为划分单位类别的尺度，主要有行政单位、企业单位、事业单位。应该说这只是所有制一元化体制下的一种社会组织的制度安排。笔者不同意这种对于社会组织过于简单化的分类，因为这只是指明了单位的行业特点，而没有把超出社会分工之上的单位的法律性质、组织机构特点以及行为能力差异揭示出来，在社会组织呈现所有制多元化的市场经济条件下，这样的制度安排已经不合时宜了。

单位制度，是中国民事主体制度的一个很重要的特色。在计划经济条件下形成的单位体制和单位体系，构成了民事主体的重要部分。然而"单位"并不是一个成熟的科学的民法概念，大陆法系的传统里面从来没有"单位"这个概念。从民法的角度来看，单位是一种社会组织属性的民事主体。原来在计划经济时代，单位之间的差异性很小，每一个单位就是计划经济体系中的一个单元。当然单位可以分为行政机关单位、企业单位、事业单位、社会团体单位等。单位是中华人民共和国成立以后才有的社会组织，1986 年的《民法通则》对各种单位的规定可以视为对现实的一种客观反映。20 年之后，"单位"一词在法律技术中的应用有必要引入更为科学的思考。值得注意的是：现在"单位"一词在法律规范意义上被我国立法部门普遍使用，例如本书所要研究的"事业单位"，实际上已经成为具有一定法律意义的词了。事实上，笔者认为"单位"很多时候被作为"组织"的同义词，作为个人的对应词。① 在新出台的法律法规中，"单位"一词仍然频频出现。② 笔者认为"单位"一词不能再作为法律用语出现了，因为这个词并不能准确指代相对应的法律主体。比如：一所大学是一个"单位"，而这所大学的各个院系、处室等内部机构，人们习惯上也称为"单位"；大陆的人对所就职的社会组织，无论是国有的，还是私有的，抑或是外资的，一概称"单位"。从语言学角度来说，我们不反对人们现在和以后继续如此使用这个称谓，但是在讲求严谨立法技术的角度，还是杜绝"单位"一词为好。立法部门和司法部门在大量使用单位一词时，实际上欠缺某种确定性。

3. "事业单位"概念解析

本部分结合上文对"事业""单位"两个概念的词源考察来分析"事业单位"的内涵。中华人民共和国成立以后到改革开放以前，社会组织主要按照生产功能（也就是生产活动的领域）进行分类，主要有机关单位、事业单位、社会团体和企业单位四类组织，1986年的《民法通则》实际上沿袭了这种社会组织的分类方式，其中规定的事业单位构成了我国很重要的一类民事主体。

中国大百科全书是这样定义事业单位的："事业单位（institutional unit）是以增进社会福利，满足社会文化、教育、科学、卫生等方面需要，提供各种社会服务为直接目的的社会组织。事业单位不以营利（或积累资本）为直接目的，其工作成果与价值不直接表

---

① 人们习惯于把社会组织称为单位，在市场经济条件下，本来不属于单位体制的民营企业也被人们赋予了单位的意味。可见，在中国，单位已经成为一种文化了。
② 比如《物权法草案》第六条"任何单位和个人负有不妨碍权利人行使物权的义务"。另，以"单位"为关键词检索北大英华《中国法律法规大全》（2001）就会发现，有52个法律法规的名称中含有"单位"字眼。

现或主要不表现为可以估量的物质形态或货币形态。作为一种社会组织形式，事业单位有久远的历史，早期活动范围主要集中于社会福利方面（如各种慈善机构）和文化教育方面（如各类学校）。在现代社会里，事业单位广泛分布于科学研究、文化教育、卫生、体育、新闻出版、广播影视、社会福利、环境保护、城市公共事业等领域。随着社会经济的发展和科学技术的进步，事业单位的数量不断增加、规模不断扩大，有的超出一国范围而成为国际性的社会组织。事业单位的存在与发展，对社会的进步有积极的推进作用。它的资金来源大致有三种：政府出资；民间集资；民间集资创办，国家予以补贴。中华人民共和国的事业单位大多数是国家出资创办的，并受国家行政机关的监督和管理。在中国行政编制中，事业单位的经费与人员工资由国家财政预算的事业费负担。1978 年以后，中国部分国家事业单位进行了管理体制改革，重视经济效益，实行经费部分或全部自筹，减少对国家财政拨款的依赖。除国家的事业单位外，在中国还存在一定数量的集体所有制的事业单位。20 世纪 80 年代以后还出现了民办和个人创办的事业单位。90 年代以前，苏联、东欧各国的事业单位也基本上由国家出资创办，并受国家行政机关的监督和管理。在西方国家，大部分事业单位是民间创办或地方自治体设置的。在民办的事业单位中，由教会、各种基金会主办的占相当大比重。不少大的企业集团、公司，在其内部也创办有为本集团、公司服务的各种科技开发性的事业单位。"①

　　学界对事业单位概念的认识并不完全一致。中国政法大学李曙光教授认为，"一般来说可以把中国现有的事业单位定义为非企业法人，

---

① 《中国大百科全书》（网络版），http://202.112.118.40：918/web/index.htm，该词条作者为田穗生。

其定义是指在教育、医疗、科研、文娱、体育以及农业技术服务等领域为社会公众提供公共服务的机构和组织的总称"。① 王鸿认为，"事业单位是指以实现社会公共利益为目的，由国家机构或其他组织利用国有资产而依法设立的从事社会公共服务活动的组织"。② 方军认为，"事业单位是指由政府批准的，并且和财政发生资金往来和管理关系，独立履行某种社会公共服务的社会组织。它具有既不同于国家行政机关，又不同于企业单位的双重性质"。徐进认为，"事业单位是指向社会生产和人民生活提供公益性服务及所创造的价值不能完全用货币表现，由政府给予补贴和政策支持的非营利性社会组织"。③ 世界银行于2002～2004 年进行的一项关于中国事业单位改革的研究课题采用了1998 年国务院发布的《事业单位登记管理暂行条例》中的定义，将事业单位定义为"国家为了社会公益目的"设立的"社会服务组织"，"由国家机关举办或者其他组织利用国有资产举办"，从事教育、科技、文化、卫生等活动。④ 根据1998 年国务院发布的《事业单位登记管理暂行条例》，姜述俊认为"事业单位是指受国家行政机关领导，所需经费由国库支出，不实行经济核算，提供非物质生产和劳动服务的社会组织"，"事业单位在法律上是指实体性的社会公益服务组织，具有区别于其它法人组织的服务性、公益性和实体性"。⑤ 社会学家杨晓民、周翼虎认为，"在以大规模政治运动为基础的计划经济

① 李曙光：《关于事业单位改革的思考》，《中国改革》2004 年第 6 期。

② 王鸿：《事业单位改革的基本法律问题》，http://theory. people. com. cn/GB/49150/49153/3918256. html，2005 年 12 月 6 日。

③ 徐进：《登记管理：事业单位"入市"的通行证——兼论建立事业单位登记管理制度的必要性和重要性》，《中国机关后勤》2000 年第 11 期。

④ 世界银行：《中国：深化事业单位改革，改善公共服务提供》，《经济研究》2005 年第 8 期。

⑤ 姜述俊：《市场经济条件下事业单位改革探讨与对策》，《机械设计与制造》2005 年第 4 期。

中，生产组织的产品可以划分为政治产品和经济产品"，"在企业单位中，主要生产经济产品，用来满足'人民生活需要'和'建设社会主义'"，"在事业单位中，主要生产政治产品，例如报纸、书籍、科研材料、政治学习材料等"。①

1955 年第一届全国人民代表大会第二次会议《关于 1954 年国家预算和 1955 年国家预算的报告》中首次使用了"事业单位"这个概念，并一直沿用至今。② 笔者所做的文献检索中最早出现"事业单位"字眼的规范性文件是 1952 年 6 月 27 日发布的《政务院关于全国各级人民政府、党派、团体及所属事业单位的国家工作人员实行公费医疗预防的指示》。③

20 世纪 60 年代的官方文件主要是从举办主体、经费来源和行业属性三个方面来表述事业单位的。④ 1963 年，国家编制委员会代国务院草拟《关于编制管理的暂行办法（草案）》，将事业单位界定为，"为国家创造和改善生产条件，促进社会福利，满足人民文化、教育、卫生等需要，其经费由国家事业费开支的单位"。1965 年，国家编制委员会制定的《关于划分国家机关、事业、企业编制界限的意见（草案）》则规定，"凡是直接从事为工农业生产和人民文化生活等服务活动，产生的价值不能用货币表现，属于全民所有制的单位，列为国家事业单位编制"。⑤

---

① 杨晓民、周翼虎：《中国单位制度》，中国经济出版社，1999，第 156 页。
② 徐颂陶等：《神圣的天职——中国现代人事管理》，中国人事出版社，1996，第 209 页。
③ "现在根据国家卫生人员力量与经济条件，决定将公费医疗预防的范围，自 1952 年 7 月份起，分期推广，使全国各级人民政府、党派、工青妇等团体、各种工作队以及文化、教育、卫生、经济建设等事业单位的国家工作人员和革命残废军人，获得享受公费医疗预防的待遇……"参见《中国法律法规检索系统》。
④ 杨晓民、周翼虎：《中国单位制度》，中国经济出版社，1999，第 39 页。
⑤ 上述文件都只是草案和讨论稿，没有正式颁发，而且前后定义并不一致，但由于长期以来没有专门的法律规定，实际工作中人们基本以此为依据。张雅林：《审视事业单位的概念误区》，《中国行政管理》2003 年第 2 期。

改革开放以后，事业单位的定义第一次出现变化：由原来的举办主体、经费来源和行业属性三要素变为行业属性一个要素。1984年全国编制工作会议印发的《关于国务院各部门直属事业单位编制管理的试行办法（讨论稿）》中这样表述事业单位："凡是为国家创造或者改善生产条件，从事为国民经济、人民文化生活、增进社会福利等服务活动，不是以为国家积累资金为直接目的的单位，可定为事业单位，使用事业编制。"这样的定义按照有的学者的理解，暗示着改革开放之初随着各方面情况的变化而出现的"事业单位体制正孕育着一些原有体制之外的变化"。[①] 事实也表明了这一点：一是按照《国务院关于城镇集体所有制经济若干政策的暂行规定》（国发〔1983〕67号），国家开始允许成立集体所有制事业单位，而且出现了实际上由个人举办但是登记为集体事业单位的情况；二是事业单位开始了所谓"自收自支"的改革。

但是，这样仅仅依据职能和行业属性来扩大事业单位外延的做法并没有维持很长时间，1998年颁布的《事业单位登记管理暂行条例》采纳了举办主体、公益属性、经费来源、行业属性四要素定义事业单位的新模式。在实行社会主义市场经济背景下出台的1998年《事业单位登记管理暂行条例》的表述值得重视："本条例所称事业单位，是指国家为了社会公益目的，由国家机关举办或者其他组织利用国有资产举办的，从事教育、科技、文化、卫生等活动的社会服务组织。"[②] 第九届全国人民代表大会常务委员会第十次会议于

---

① 齐红：《单位体制下的民办非营利法人——兼谈我国法人分类》，中国政法大学，2003，第8页。

② 2004年6月27日《国务院关于修改〈事业单位登记管理暂行条例〉的决定》修订了该条例，但是本条没有做任何改动。

1999 年 6 月 28 日公布，自 1999 年 9 月 1 日起施行的《中华人民共和国公益事业捐赠法》①第 10 条将事业单位定义为："本法所称公益性非营利的事业单位是指依法成立的，从事公益事业的不以营利为目的的教育机构、科学研究机构、医疗卫生机构、社会公共文化机构、社会公共体育机构和社会福利机构等。"可见采取的是公益性和行业性两个定义标准。最新的关于事业单位的解释是 2005 年 4 月 15 日国家事业单位登记管理局发布的《事业单位登记管理暂行条例实施细则》，其中第 4 条规定了事业单位的概念，较之于《事业单位登记管理暂行条例》更加详细："本细则所称事业单位，是指国家为了社会公益目的，由国家机关举办或者其他组织利用国有资产举办的，从事教育、科研、文化、卫生、体育、新闻出版、广播电视、社会福利、救助减灾、统计调查、技术推广与实验、公用设施管理、物资仓储、监测、勘探与勘察、测绘、检验检测与鉴定、法律服务、资源管理事务、质量技术监督事务、经济监督事务、知识产权事务、公证与认证、信息与咨询、人才交流、就业服务、机关后勤服务等活动的社会服务组织。"②

不难看出，国家对事业单位的规范界定并不是始终一致的：经历了从 20 世纪 60 年代的行业属性、举办主体和经费来源定义三要素，到 80 年代的行业属性定义一要素，再到公益属性、举办主体（国家）、经费来源和行业属性定义四要素的转变。显然，事业单位作为公共服务机构的公益性已被普遍认为是最重要的特征了。

---

① 该法第三条对"公益事业"做出了界定："本法所称公益事业是指非营利的下列事项：（一）救助灾害、救济贫困、扶助残疾人等困难的社会群体和个人的活动；（二）教育、科学、文化、卫生、体育事业；（三）环境保护、社会公共设施建设；（四）促进社会发展和进步的其他社会公共和福利事业。"

② 笔者分析，这个范围包括公益机构、公共事业机构、服务业机构和企业机构。

　　笔者认为现有事业单位的法律特征可以概括为四个方面。①宗旨公益性。事业单位主要从事公益事业，这是事业单位区别于其他社会法人组织的一个最重要特点，事业单位不是商事主体，不以营利为目的。其最重要的职能就是提供某种特定的公共服务。②举办主体特定性。事业单位都是国家举办的服务于特定公益目的的法人组织。不是国家举办的但是具有公益性并从事科学、教育、文化、卫生等行业的社会组织不能被认定为事业单位，应该视情况认定为非营利组织、企业组织。③公共服务行业属性。从事科学、教育、文化、卫生、体育、新闻出版、广播电视、社会福利、救助减灾、统计调查、技术推广与实验、公用设施管理、物资仓储、监测、勘探与勘察、测绘、检验检测与鉴定、法律服务、资源管理事务、质量技术监督事务、经济监督事务、知识产权事务、公证与认证、信息与咨询、人才交流、就业服务、机关后勤服务等活动的社会服务组织。④资产来源于国有资产。事业单位的资金来源是公共预算资金，在现有的法律框架内，这种资产被认定为国有资产。

4. 事业单位法人

　　事业单位在法律中的概念是事业单位法人。事业单位取得了法人资格即成为事业单位法人，在形式上表现为经过登记管理机关登记（备案）。事业单位法人是指为社会公益目的，由国家机关举办或者其他组织利用国有资产举办的，依法取得法人资格的，从事教育、科技、文化、卫生等活动的社会服务组织。顾名思义，事业单位法人是指经事业单位登记管理机关依法登记备案认定的事业单位。

　　现在的事业单位法人的概念逻辑实际上不周延。① 《民法通则》

---

①　景朝阳：《事业单位法人制度改革的五大法律问题》，《检察日报》2005 年 11 月 28 日，第 3 版。

颁布之前，佟柔教授 1983 年主编的《民法原理》把当时存在的事业单位称为"事业法人"（还不是《民法通则》所确定的"事业单位法人"），并给出了定义："事业法人是依靠国家预算拨款从事经济活动以外的业务活动的各类组织，如以实现社会主义国家文教、卫生、学术等职能为目的的国家机关和社会团体。"① 1986 年出台《民法通则》以后，民法学者对事业单位有了新的认识。一度认为事业单位既可以由国家创办，也可以由自然人或者法人自由组建。出版于 1990 年的《中国民法》认为："事业单位法人是指从事非营利性的、社会各项公益事业的各类法人。它包括从事文化、教育、卫生、体育、新闻、出版等公益事业的单位，这些法人组织不以营利为目的，一般不参与商品生产和经营活动，虽然有时也能取得一定收益，但属于辅助性质。"关于事业单位法人资格的取得，该书认为："依据法律规定或行政命令组建的事业单位，从成立之日起，即具有法人资格；由自然人或法人自愿组建的事业单位，应依法办理法人登记，方可取得法人资格。"② 江平教授认为："事业单位法人是指从事非营利性的、社会各项公益事业的法人，如学校、医院等。事业单位法人虽然有时也取得一定利益，如文化演出等，但获取盈利并不是事业单位法人本身的目的和宗旨。"③ 彭万林教授认为："事业单位法人是从事非营利性的各项社会公益事业的各类法人，包括从事文化、教育、卫生、体育、新闻出版等公益事业的单位。这类法人不以营利为目的，一般不参与生产和经营活动，虽然有时也能取得一定收益，但属于辅助性质。当然，这只是理论上的说明，有时

① 佟柔主编《民法原理》，法律出版社，1983。
② 佟柔主编《中国民法》，法律出版社，1990。
③ 江平主编《民法学》，中国政法大学出版社，2000，第 138 页。

现实并不如此。在实践中，我国出现了'事业单位，企业经营'的法人（如某些出版社），其性质就很含糊，不知是企业法人还是事业法人。"[①] 尹田教授认为，在我国"事业单位"不是一个十分清晰的概念，一般而言，事业单位是指以社会公益事业为目的，从事文化、教育、卫生、体育、新闻等各种非营利性活动的单位。如学校、研究机构、医院、文艺团体等，其通常是由国家机关或其他组织利用国有资产举办。具有独立经费或者财产的事业单位，依法取得法人资格。[②] 民法学者刘岐山、徐武生认为，事业法人与企业法人相区分的标准，在于是否从事商品经济活动和创造物质财富，事业法人主要从事商品经济活动以外的其他社会活动，这些活动不具有商品经济性质。[③]

5. 事业单位与相关概念的联系与区别

（1）事业单位与非营利组织（NPO）

什么是非营利组织呢？日本学者川口清史认为，非营利组织一般是指不以获取利润为目的，而从事商品生产、流通，提供服务的民间组织。他还指出，非营利组织是美国的提法，实际上，从具有公共性质的教育、医疗、福利等为社会公益服务的组织来看，这些组织不同于企业，不是以获取利润为目的，同时这些组织一般是民间性的。[④] 我国台湾学者江明修认为非营利组织可综合界定为"具备法人资格，以公共服务为使命，享有免税优待，不以营利为目的。组织盈余不分配给内部成员，并具有民间独立性质之组织"。Wolf 曾

---

① 彭万林主编《民法学》，中国政法大学出版社，1999，第 92 页。
② 尹田：《民事主体理论与立法研究》，法律出版社，2003，第 172、418 页。
③ 刘岐山、徐武生：《法人》，法律出版社，1986，第 26～27 页。
④ 冯压波：《基金会管理运行机制研究》，青岛海洋大学出版社，2002，第 1 页。

对非营利组织作了描述性的定义：具备公众服务的使命；必须在政府立案，并接受相关法令规章的管辖；必须为非营利或慈善的机构；经营结构必须排除私人利益或财物之获得；其经营享有免除政府税收的优待；享有法律上的特别地位，捐助或赞助者的捐款列入免（减）税的范围。非营利组织应具备三项目标：执行政府委托之公共事务；执行政府或营利组织所不愿或无法完成之事务；影响国家营利部门或其他非营利组织之政策方向。① 可以说，非营利组织的管理，不是靠"利润动机"的驱使，而是靠"使命"的凝聚力和引导。

笔者认为，非营利组织首先是一个私法人（国家政权机关法人虽然不以营利为目的，但不是非营利法人），其次是私法人层面的以公共服务为宗旨、盈余不分配给组织成员的法人主体。因此，非营利组织不等于我国的事业单位，我国的事业单位是公法人层面的主体。而我国民间组织兴办的各类公益机构（民办非企业单位和社会团体），则属于非营利法人。有的学者有意无意地对此问题持不正确的看法，把我国的事业单位甚至是政府也包括进非营利组织的概念体系内，这是不太妥当的。

（2）事业单位与非政府组织（NGO）

非政府组织一词来源于联合国的定义，非政府组织是英文"Non‑Government Organizations"的意译，英文缩写 NGO。一般认为，"非政府组织"一词最初是在 1945 年 6 月签订的《联合国宪章》第 71 款中正式使用的。该条款授权联合国经社理事会"为同那些与该理事会所管理的事务有关的非政府组织进行磋商做出适当安排"。1952

---

① 台湾非营利组织研究网，http://npo. pad. nccu. edu. tw。

年联合国经社理事会在其决议中将非政府组织定义为"凡不是根据政府间协议建立的国际组织都可被看作非政府组织"。在当时，这主要是指国际性的民间组织。世界银行则把任何民间组织，只要它的目的是援贫济困，维护穷人利益，保护环境，提供基本社会服务或促进社区发展，都称为非政府组织。笔者认为，非政府组织最初是联合国使用的一种区别于政府组织的称谓。后来被泛化到国内民间组织层面，现在我国有些学者将非政府组织和非营利组织混用，指向基本相同。笔者认为非政府组织这个概念主要是在国际上使用，不应在法律技术层面使用。

（3）事业单位与"第三部门"

"第三部门"本身是一个在社会学理论上使用的概念，而完全不是一个法律概念，也不是法学中的概念。无论是在中国还是在任何其他国家，都没有统一规范第三部门的法律制度。第三部门包括我国法律中规定的哪些类型的组织，是一个纯粹的理论问题。[①] 有学者主张，中国的第三部门可以包括社会团体、事业单位和民主党派。[②] 葛云松博士认为，第三部门应该包括社会团体、事业单位和民办非企业单位。[③] 本书认为，第三部门是一个社会学中的概念，是指除了政府和企业之外的其他社会组织的总称。由于中国的事业单位大都是政府创办的，因此不完全属于第三部门，当然事业单位发挥着国外第三部门所发挥的作用。在法律技术层面，笔者同样不主张使用第三部门的称谓。

---

① 苏力等：《规制与发展——第三部门的法律环境》，浙江人民出版社，1999，第1页。
② 康晓光：《创造希望——中国青少年发展基金会研究》，漓江出版社、广西师范大学出版社，1997，第627页。
③ 苏力等：《规制与发展——第三部门的法律环境》，浙江人民出版社，1999，第2页。按照编写说明，这部分是葛云松博士执笔。

（4）事业单位与民间组织

民间组织是我国对非官方举办的国内公益机构的一种正式用语①，包括民办非企业单位和社会团体（社团和基金会）。事业单位不属于民间组织，民间组织也不能被认为是事业单位。但是，人们一度在认识上和操作上把包括民间组织在内的从事公益事业的机构认定为事业单位，例如有的民办研究所、民办学校赫然拥有事业单位的登记证书②，而实际上它只是一个民办非企业单位。当然，事业单位经过改制，可以成为民办非企业单位等形式的民间组织。

《民办非企业单位登记管理暂行条例》第2条规定，民办非企业单位是指企业、事业单位、社会团体和其他社会力量以及公民个人利用非国有资产举办的，从事非营利性社会服务活动的社会组织。在笔者看来，所谓"民办非企业单位"这个概念缺乏科学性，不能准确界定其内涵和外延。这类组织主要分布在教育、科研、文化、卫生、体育、交通、信息咨询、知识产权、法律服务、社会福利事业及经济监督事业的领域，例如民办大学、民办康复中心、民办图书馆、民办研究所、民办婚姻介绍所、民办法律援助中心、民办体育场等。那么，这类机构叫不叫事业单位呢？有的学者认为这些是事业单位，笔者认为不是。因为1998年国务院颁布的《事业单位登记管理暂行条例》第2条规定"事业单位是指国家为了社会公益事业目的，由国家机关或者其他组织利用国有资产举办的，从事教育、科技、文化、卫生等活动的社会服务组织"。可见，利用民间资金举

---

① 之所以这样说，是因为国家主管此项工作的民政部设立民间组织局，下设民办非企业单位管理处和社会团体管理处。但是笔者觉得民间组织这个概念并不是完美无缺的。

② 例如民办的华夏经济研究所、北京市城市大学都有事业单位证书，可参见其网站。

办的民办非企业单位并不是制度框架内的"事业单位"。

（5）事业单位与特殊企业、公营企业

"特殊企业"的概念，是经济法学者史际春教授提出来的。史教授认为，由国家和法律授权、承担某种政府的或社会的经济管理职能的组织，比如国家开发投资公司、中央国债结算有限责任公司、中国长江三峡工程开发总公司、中国通用技术（集团）控股有限责任公司、国家电力公司、中华全国供销合作总社等企业或组织，属于特殊企业。并认为，特殊企业应该以特别法形式对其作专门规定，以便对公有财产管理经营进行有效监督。① 应该承认，中国现存的一些事业单位随着文化、教育、科研、医疗等领域的体制改革可以归入"特殊企业"范畴中，比如新成立的中国广播电视集团、中国对外演出集团、中国电影集团等。这类企业由国家投资，首先要完成国家交给的公益性任务，其次还要实现一定的营利性目标。经济学家钱津教授在国内首先提出了"公营企业"的概念。认为"公营企业，又称政府企业，是现阶段各个国家都存在的一种经济成分"。② 钱津先生还援引原欧洲共同体法规指南中对公营企业的定义，"政府当局可以凭借它对企业的所有权、控股权或管理条例，对其施加直接或间接支配性影响的企业"。特殊企业与事业单位的共同之处在于其宗旨皆为公共服务和举办主体皆为国家。我国事业单位中经营性质比较强的部分，经过改制，可以成为特殊企业，特殊企业也可以成为事业单位。不同之处在于：在现有法律框架下，特殊企业不能纳入事业单位的范围。

---

① 史际春、邓峰：《经济法总论》，法律出版社，2001，第156页。
② 钱津：《特殊法人：公营企业研究》，社会科学文献出版社，2000，第1页。

二　制度沿革：中国事业单位制度变迁考察

（一）第一阶段：中国事业单位制度的确立（1949～1978 年）

中华人民共和国建立以前，我国是一种多元主体举办社会事业的格局，没有事业单位这个概念。中华人民共和国成立后，借鉴苏联的管理模式，建立起高度中央集权的计划体制。先后采取了一系列公有化措施，接收了原国民党政府的全部机构，自上而下建立了一系列相应的事业职能机构，由国家直接举办公共事业。并且在短短几年里，将教育、科学、卫生、社会福利等社会服务行业原有的民间团体全部收归国有。

据笔者所做的考证，至少在 1952 年《政务院关于全国各级人民政府、党派、团体及所属事业单位的国家工作人员实行公费医疗预防的指示》中"事业单位"这个特定概念就出现在规范性文件中。实际上，笔者认为事业单位走上中国主体制度的历史舞台可归因于中国编制制度。直到现在，事业单位的第一特征仍是国家事业编制。国家第一次对事业单位进行正式定义是在 1965 年的《国家编制委员会关于划分国家机关、事业、企业编制界限的意见》中，意见指出"凡是直接从事为工农业生产和人民生活等服务活动，产生的价值不能用货币表现，属于全民所有制单位的编制，列为国家事业单位编制"。这是对事业单位法定含义的第一个规定，从此正式确立了中国事业单位制度。所以可以得出结论：改革开放以前的事业管理体制，是顺应指令性计划经济体制而建立的，在长期的运行过程中逐渐形成了其特有的格局。① 事业单位乃是我国依据自己特有的编制分类对

---

① 黄恒学：《中国事业管理体制改革研究》，北京大学出版社，1998，第 8～21 页。

各类组织进行的划分。这种计划经济体制下的编制逻辑是：将社会活动分为物质生产部门与非物质生产部门，科学、教育等事业被划入非物质生产部门，不属于经济活动，不能也没有必要产生生产收入，没有生产收入就没有必要进行经济核算，就必须由国家财政提供经费。现在看来，这种对社会组织的分类方法是极其笼统的，科学性与合理性不足。首先，当时将社会活动分为物质生产部门与非物质生产部门两大部门的分法不很科学；其次，把科学、教育、文化、卫生等活动整体划入非物质生产部门的划分也是简单化分类的一种粗糙做法。现在事业单位所包括的民事主体有公权力法人、公益机构、企业化机构，公共性为 0%～100%，可见，事业单位这个概念今天客观上已经不具有分类学的意义了。

综上可得出以下结论。第一，对事业单位的概念尚没有形成规范而统一的认识。无论是学者的阐释，还是规范性文件的表述，均尚未形成一致的看法，因此有进一步研究的必要。第二，事业单位的定义要素发生了变化：由原来的举办主体、经费来源和行业属性三个要素，到行业属性一要素，再到公益属性、行业属性、举办主体、经费来源四要素。这体现了决策者对脱胎于高度计划经济条件下的事业单位的认识过程：所从事的行业范围在缩小；举办主体明确化，即只有国家才能成为事业单位的举办主体，凸显事业单位的公共性。第三，国家对事业单位的定义更多的是从编制的角度、预算的角度考虑的，而对其组织机构特征、行为特征这些法律性要素几乎没有考虑。第四，中国事业单位是一个独特的主体制度，事业单位这个概念并不具备应有的法律技术特征，更多的是代表着财政预算和某种身份特性，是计划经济时代和苏联民法学影响下的产物。在社会主义市场经济条件下，应该重新审视事业单位作为主体制度的法律问题，准确规范事业单位的改革行为。

（二）第二阶段：中国事业单位的改革（1978～1998 年）

1. 中国事业单位法人制度的正式确立

1986 年《民法通则》出台，把事业单位法人作为一类法人，第 50 条第 2 款规定："具备法人条件的事业单位、社会团体，依法不需要办理法人登记的，从成立之日起，具有法人资格；依法需要办理法人登记的，经核准登记，取得法人资格。"事业单位法人作为中国特色的一个法人类型，就这样正式出现在国家的民事立法中。在学者所写的民法典建议稿的几个版本中，都保留了事业单位法人这种类型。

2. 政府主导的事业单位营利性取向

1978 年，中国共产党十一届三中全会以后，国内开始了经济体制的全面改革，事业单位制度随着改革大潮的涌动也发生了一些以"创收"为主旋律的制度层面的变化，这种变化既有决策层的政策肯定，也有事业单位内部强烈的创收冲动。事业单位出现浓厚的泛商化倾向，普遍开展形式不同却缺乏法律规制的营利性活动。主要表现在：第一，事业单位被允许创收，从事商业活动；第二，事业单位所在的如教育、医疗、科研、文化等行业开始允许非国有资本的进入。1980 年 1 月 24 日，中共中央、国务院发出《关于节约非生产性开支，反对浪费的通知》，对以下问题作了明确规定。①从 1980 年起，国家对文化、卫生、科学、教育等事业单位和行政单位实行"预算包干"办法①，结余留用，增收归己，以调动增收节支、提高

---

① 预算包干，主要是指实行全额预算管理和差额预算管理的行政、事业单位按照上级单位批准的行政工作任务、事业计划和年度预算，包干使用预算资金，年终结余和增收都留归本单位下年继续使用，不上缴财政，如有超支或短收也不补助。参见宋新中《当代中国财政史》，中国财政经济出版社，1997，第 426 页。

资金使用效果的积极性。① ②一切有条件组织收入的事业单位，都要积极挖掘潜力，从扩大服务项目中合理地组织收入，以解决经费不足的问题，促进事业单位的发展。应用科研单位和设计单位要积极创造条件，改为企业经营②，不仅不用国家的钱，还要力争上缴利润。鼓励事业单位创收，减少财政拨款成了当时事业单位改革的一个主旋律。例如1985年国务院发布的《事业单位奖金税暂行规定》第1条规定"鼓励事业单位向经济独立、经费自给过渡，使事业单位有计划地逐步提高职工的收入水平，并从宏观上控制消费基金的过快增长……"这些制度实行以后，各种事业单位几乎使出浑身解数为本单位、本部门创收，确实有了一定的经济收益，并出现了一些企业化管理的事业单位，与企业一样，独立核算、自负盈亏。③ 同时也出现了一些弊病，表现在两个方面。一是单位之间利益不均，而且差距越拉越大，甚至造成同属于一个单位不同部门之间利益极不均衡的现象。④ 二是一些事业单位的营利行为没有遵守相应的法律法规，出现了不正当经营的现象。1989年3月15日，最高人民法院、最高人民检察院针对这个问题下发了《关于当前处理企业事业单位、机关、团体投机倒把犯罪案件的规定》，指出："一切企业事

---

① 从法治的角度来看，财政预算的收支两条线是一条不二的基本原则。我们固然克服了一定程度的暂时财政困难，却累积了社会不公的矛盾和深层次的体制弊端。时至今日，仍有类似官员参股煤矿的流弊。我们的确有必要反思这些改革初期的做法，尽可能（而不是逐渐）地去规范包括事业单位在内的公共机构的行为模式。

② 笔者认为公共事业单位不能轻易变为企业经营。这实际上是赋予公共事业单位创收营利的合法性。

③ 《事业单位工资制度改革后财务管理的若干规定》（1985年10月12日财政部发布）第2条"事业单位已经实行企业化管理，又能够经济自立的，财政部门不再拨给事业经费，应执行国家对企业的有关规定，独立核算，自负盈亏"。另参见《事业单位奖金税暂行规定》第2条。

④ 笔者所在的某大学就有这种情况，学校创收能力强的几个部门比如成人继续教育学院员工的收入和福利一度要比其他部门高出1倍以上；还有一些部门或者院系的领导把创收当作重要任务来抓，甚至作为考核的重要依据。

业单位、机关、团体违反国家有关法律法规，以及国务院有关规定和政策，通过各种手段进行投机倒把活动，为本单位牟取非法利益，特别是有些机关、单位利用手中掌握的权力从事投机倒把活动，严重地破坏了正常的经济秩序和经济环境，妨害了改革和建设事业的顺利进行。"

针对这些问题，财政部1988年5月对原预算包干办法进行了修订，重新制定颁发了《文教科学卫生事业单位、行政机关"预算包干"办法》，根据各类文教事业单位和行政单位机关的不同特点，规定了四种单位预算包干方式，并制定了三种预算包干经费的核定办法：经费和任务挂钩，一年一定；核定基数，比例递增；包死基数，一定几年不变。这种做法的不足之处在于：当各种监督机制不是很健全的时候，很可能会导致个人对资源的侵吞。[①]

1989年，经国务院批准，财政部颁布了《关于事业单位财务管理的若干规定》，明确规定了对事业单位要根据不同的情况分别实行全额、差额、自收自支三种预算管理形式，加强了对事业单位的财务管理。一是将事业收入全部纳入单位预算，与国家预算拨款统一核算，统一管理；二是改革现行预决算制度，事业单位的预决算不仅要反映国家预算拨款的情况，也要反映事业单位收入的情况，防止收支两张皮；三是加强事业单位收入的核算工作，准确反映组织收入活动的收益情况，防止单位增收、财政增支、虚盈实亏现象发生。[②]

1992年《中共中央、国务院关于加快发展第三产业的决定》（中

---

① 刘建军：《单位中国——社会调控体系重构中的个人、组织与国家》，天津人民出版社，2000，第406页。笔者认为，这实际上涉及事业单位的内部治理法律问题。

② 宋新中：《当代中国财政史》，中国财政经济出版社，1997，第499页。

发〔1992〕5号文件）提出对事业单位的政策有两个。①实行"谁投资、谁所有、谁受益"的原则，不能过多依赖国家投资。②实行企业化经营。"现有的大部分福利型、公益型和事业型第三产业单位要逐步向经营型转变，实行企业化管理。"以政府文件的形式肯定了事业单位企业化经营的行为。但是从现在的眼光看，不加细分地大规模鼓励本来以公益事业为固有职能的事业单位去创收赚钱，给社会公益事业带来不少负面影响：公权力和公益性的公共资源被商业化利用、有些行业的事业单位利用转型时期的某种垄断资源赚取超额利润、事业单位营利行为缺乏相应的法律调整等。①

事业单位所在的如教育、医疗、科研、文化、传媒等行业开始允许非国有资本进入。例如国家出台了《社会力量办学条例》《民办教育促进法》《中外合作办学条例》等法律法规，放松准入法律规制，原先只能由国家创办的事业单位开始允许由非国有主体创办。

（三）第三阶段：中国事业单位制度的深入改革和走向规范（1998年至今）

以1998年10月25日年国务院颁布《事业单位登记管理暂行条例》为标志，事业单位开始在市场经济的条件下逐渐规范。改革进入攻坚阶段以后，人们开始质疑事业单位简单套用企业改革思路的做法。一方面，事业单位在市场化的大潮中暴露出许多深层次制度问题，被称为计划经济的最后一个堡垒。另一方面，依法治国的理念深入人心，科学发展观和"构建和谐社会"成为主流的观念取代

---

① 按照逻辑，事业单位一旦从事经营性行为，就应受到相关法律如税法、反不正当竞争法的限制，但是由于从身份上还属于事业单位，这些法律无法适用，所以，笔者强调我国应该树立商行为观念，按照商行为进行相应的法律规制。

了原先的经济利益至上的做法。国务院发展研究中心认为有些事业单位所属的领域比如医疗卫生行业的市场化改革取向是错误的。笔者认为，事业单位运行和服务的目标是使公共服务提供方面的社会效益最大化，而不是机构本身的效益最大化。事业单位所追求的公共利益与机构自身利益特别是从业人员的个人利益通常是不一致的，甚至是有矛盾的。鼓励事业机构追求"经济绩效"并将其与个人收入挂钩，必然出现机构和个人利益侵害公众利益的结果。"从这些年一些行业、一些地方改革的实践看，这种问题事实上已经很突出了。"①

可以说，这个阶段是事业单位走向规范的阶段。

---

① 国务院发展研究中心社会发展研究部葛延风研究员接受《瞭望东方》周刊记者王俊秀的采访内容，http://www.hyinfo.gov.cn/article/claa58/200411/467.html。

第二章 事业单位法人设立登记制度

一 事业单位法人登记的概念及基本内容

(一) 事业单位法人登记制度概述

事业单位法人登记管理，是国家对事业单位的设立、变更、注销及其法人资格进行核准登记，并对其登记事项和社会行为实施监督的一系列管理活动的总称。[①] 事业单位登记管理制度，是关于事业单位登记管理的法规、政策和登记管理主体、客体、体制、权利、义务、内容、方式、目的等方面规定的总和。事业单位登记管理的主要目的是，确立事业单位的法人地位，规范事业单位的行为，保护事业单位的合法权益，强化对事业单位的监督管理，推进事业单位社会化。[②]

事业单位登记管理最基本的法律法规依据包括：《民法通则》中

[①] 徐进：《事业单位"入市"的通行证——兼论建立事业单位登记管理制度的必要性和重要性》，《中国机关后勤》2000 年第 11 期。

[②] 事业单位在线，http://sy.china.cn/index.html。

的有关规定①，《事业单位登记管理暂行条例》，以及中办发〔1996〕17 号文件中的有关要求②。事业单位登记管理的主要内容是：办理事业单位的设立登记、变更登记、注销登记，审查事业单位的年度报告并做出相应处理；依法保护事业单位与登记事项有关的合法权益；监督事业单位按照登记事项开展活动，处理违反《事业单位登记管理暂行条例》的行为等。

事业单位登记管理的主体是国务院事业单位登记管理机关和县以上各级地方政府事业单位登记管理机关。事业单位登记管理的客体是各类事业单位。事业单位登记管理体制的基本形式是，统一领导、分级登记管理。事业单位登记管理的主要方式是，在登记管理方面以申请、受理、审查、核准、发（缴）证书、公告为基本程序；在监督管理方面以年度报告的提交和审查为基本形式，同时辅以其他形式。

1986 年 4 月 12 日第六届全国人大第四次会议通过的《中华人民共和国民法通则》第 50 条第 2 款明确规定："具备法人条件的事业单位、社会团体，依法不需要办理法人登记的，从成立之日起，具有法人资格；依法需要办理法人登记的，经核准登记，取得法人资格。"1988 年国务院机构编制部门提出了建立事业单位证书制度的设想，1989 年，开始酝酿并提出建立事业单位登记管理制度。

1993 年，在《中共中央关于党政机构改革的通知》（中发〔1993〕7号）中，第一次以中央文件的形式，正式提出："要积极推进事业单

---

① 《民法通则》第 50 条第 2 款规定：具备法人条件的事业单位、社会团体，依法不需要办理法人登记的，从成立之日起，具有法人资格；依法需要办理法人登记的，经核准登记，取得法人资格。

② 《中共中央办公厅、国务院办公厅关于印发〈中央机构编制委员会关于事业单位机构改革若干问题的意见〉的通知》（中办发〔1996〕17 号）。

位的社会化，使事业单位具有法人资格，进行事业单位法人登记。"
1994 年，中编办正式将《事业单位登记管理条例（草案）》报送原
国务院法制局审查。与此同时，还开展了事业单位登记管理的试点
工作。1996 年，中办发〔1996〕17 号文件进一步提出："要建立和
实施事业单位登记管理制度，使事业单位的发展和管理更加规范，
要通过实施登记管理制度，确立事业单位的法人地位，推进事业单
位的社会化进程，规范事业单位的行为，保护事业单位的合法权益，
强化对事业单位的监督。"1998 年 9 月 25 日，国务院第八次常务会
议审议通过了《事业单位登记管理暂行条例》，并于 10 月 25 日颁布
实施。该条例对事业单位的定义，事业单位登记管理机关，事业单
位法人的设立登记、变更登记和注销登记以及监督管理等都做出了
明确的规定。《事业单位登记管理暂行条例》的颁布，标志着我国事
业单位登记管理制度有了基本的国家法规的规范。全面贯彻实施条
例，已成为各级事业单位登记管理机关的重要任务。①

（二）事业单位设立登记的条件和程序

1. 事业单位登记的条件

事业单位法人设立登记，是指登记管理机关依照法定的条件和
程序，对申请事业单位法人登记的单位，进行审查，对符合条件的
予以核准登记，确认其法人资格，颁发《事业单位法人证书》的行
为。事业单位设立登记的条件主要体现在两个法规中：一个是《事
业单位登记管理暂行条例》第 6 条的规定，另一个是 2005 年 4 月 15
日国家事业单位登记管理局颁布的《事业单位登记管理暂行条例实

---

① 事业单位在线，http://sy.china.cn/index.html。

施细则》第 36 条的规定。

概括起来，申请事业单位法人登记，应当具备下列条件：经审批机关批准设立；有自己的名称、组织机构（法人治理结构）和场所；有与其业务活动相适应的从业人员、设备设施、开办资金[①]；宗旨和业务范围符合事业单位性质和法律、政策规定；能够独立承担民事责任。

2. 事业单位登记的程序

事业单位法人设立登记程序是以法规、规章等形式规定的、申请人与登记管理机关办理登记时必须遵守的方法、步骤，是贯彻条例精神，维护登记的严肃性、公正性的必要保障。设立登记程序依次分为申请、受理、审查、核准、发证、公告六个环节。

（1）申请

举办单位根据事业单位设立登记的有关规定，到登记管理机关领取相应的申请表格，按规定填写好后，把申请书和按规定应当提交的其他文件、证件一并报送有管辖权的登记管理机关。

（2）受理

受理是登记管理机关依法做出的接受事业单位法人设立登记申请的表示，是登记管理机关履行登记责任的起点。在受理这一程序时，登记管理机关首先要对设立登记的申请进行初步核查。核查的主要内容有：申请设立登记的单位是否属于登记的范围和本登记管理机关的管辖范围；提交的文件、证件是否齐全、有效；《事业单位法人设立登记申请书》填写是否准确、清楚。对在这几个方面都符合规定的设立登记申请，应当予以受理；对不符合规定的，登记管

---

① 事业单位经费来源是指事业单位的收入渠道，包括财政补助和非财政补助两类。

理机关有义务提出指导性意见。

做出受理决定后，负责受理工作的人员应在《事业单位法人设立登记申请书》有关栏目中签署同意受理的意见和受理时间，并将所有材料一并报送负责审查的领导。对不予受理的应通知申请单位，并退还申请材料。

根据条例，登记管理机关做出受理决定后，应在 30 日内，做出核准登记或不予核准登记的决定。因此，受理时间必须是准确的、公开的、双方认同的，并具书面形式。

（3）审查

审查是设立登记程序中最核心的环节。在这一环节，要对申请单位提交的文件、证件和其他相关材料进行全面的审查、鉴别，并做出综合判断。审查的主要内容包括：是否属于本登记管理机关的管辖范围；提交的文件、证件和有关材料是否齐备、真实、有效；申请设立登记的事业单位名称是否符合名称管理的有关规定；批准该单位成立的批件是否真实，以及该审批机关是否有权审批；法定代表人的人选是否符合国家有关规定；宗旨和业务范围是否符合国家有关规定，用语是否规范；经费来源、开办资金数额、从业人员数额以及场所是否与其宗旨和业务范围相适应；是否能够独立承担民事责任。经审查合格后，由审查人员在《事业单位法人设立登记申请书》的相应栏目签署意见。

（4）核准

核准是登记管理机关对事业单位法人设立登记申请做出最后决定的环节。在这个环节，主要是依次做两个层次的工作。一是对审查环节的审查工作进行"复审"；二是根据复审情况，对事业单位法人设立登记申请做出最后决定。"核准"则准予登记；"不予核准"

则不准予登记。

（5）发证

有关人员接到核准人移送的核准设立登记的材料后，应及时按照核准的登记事项及其他规定（如证书号的编制规定）印制并向被核准设立登记的事业单位颁发"事业单位法人证书"；同时，将有关材料整理归档。被核准登记的事业单位凭证书刻制公章，开设银行账户，并向登记管理机关备案。

《事业单位登记管理暂行条例实施细则》第6条规定，"事业单位法人证书"是事业单位法人资格的唯一合法凭证。未取得"事业单位法人证书"的单位，不得以事业单位法人名义开展活动。

（6）公告

公告是指由登记管理机关将核准设立登记的事业单位法人的有关登记事项通过公开发行的报刊公之于众。这是事业单位设立登记的最后一个环节，公告的发布标志着事业单位设立登记的最终完成。登记管理机关对公告的内容，必须认真审核，经确认准确无误后，方可发布。

二　事业单位登记制度现存法律问题透视

（一）事业单位登记制度必要性质疑

事业单位登记不同于工商登记，工商登记制度有其必要性。工商登记是特定商事主体对抗其他主体的法定形式，工商行政管理机关依法负责对各类市场主体进行登记管理和监督管理，主要是对于各类市场主体的资格条件、资格审查、资格授予、资格管理等方面的规定。就具体内容而言，包括关于公司与非公司企业、关于内资企业与外商投资企业登记注册管理的规定。工商企业的投资主体有：国家、集体、自然人、合伙以及国外的投资主体。工商登记的法律意义，主要在于通过登记注册，使企业获得市场主体的资格，并明确其权利义务，明确其责任形式、经营活动范围等，为其在市场活动中发生的各种法律关系的协调和各种法律纠纷的处理，提供必要的法律基础。同时，我国的工商登记法律制度一直贯彻登记与监督管理并重的原则。工商行政管理机关不仅为企业建立登记档案，从形式上记载其设立、变更与注销等情况，同时还要对企业的登记行为以及登记后的经营行为进行实质性的监督管理。监督管理方式既包括登记过程中的审查，也包括实行登记后的企业年度检验和日常检查监督制度。监督管理内容主要有检查企业是否按照法律规定办理设立、变更、注销各项登记，是否按照合同、章程和各登记事项的规定从事经营活动；检查企业及其法定代表人是否遵守国家法律、法规和政策；检查企业有无其他违法经营活动；等等。对有登记违法行为和其他违法经营行为的企业，工商行政管理机关要依法责令其停止违法行为，并予以制裁。这些制裁主要包括警告、罚款、没收非法所得、没收非法财物、责令停止营业、收缴营业执照以及吊销营业执照等。此项原则的实行，使得我国的企业登记管理法律制度更具力度，更有利于规范市场主体资格和维护市场秩序。①

　　事业单位登记也不同于民间组织的登记，民间组织的登记制度有其必要性。一方面其举办主体也包括非政府的自然人、法人等，不是单一的国家或者政府；另一方面民间组织的成立和运作关涉不

---

① 宋彪主编《经济监督案例教程》，中国人民大学出版社，2003，第 151 页。该部分为景朝阳撰写。

特定社会公众的利益，因此无论是各种协会、学会，还是基金会的成立，都需要经过民间组织登记程序得到国家公权力的确认，获得设立的许可。此外民间组织登记主管机关还对民间组织的内部治理运作享有监督与检查权，对其是否具有减免赋税资格有认定权，对非营利组织发起捐募活动有许可权，并拥有处分权或解散权。

事业单位并不是多元的社会力量举办的组织机构，而是由单一的主体即国家举办的服务于特定社会公益目标的机构，按照国际惯例，这种机构并不需要登记，只需要备案即可。这些机构完全是国家设立的公法人财团或者公法人社团，没有私法主体设立的事业单位，且事业单位的登记还是收费的，更增加了成本，笔者认为，事业单位的设立、变更或者注销只需要备案和公告就可以了，专门对事业单位进行登记必要性不充分。实际情况也说明事业单位登记制度流于形式。一是事业单位客观上对登记没有积极性，潜意识中总感觉到登记不登记没什么两样，也不影响自己开展业务活动。一些举办单位缘于部门小集体利益，把所属事业单位视为自己人员的储备库及财力的支持库，不愿让其参加登记，大部分事业单位都是在登记管理机关督促后才被动登记。① 二是"事业单位法人证书"没有起到应有的作用。2000 年 7 月，中央编办会同最高人民法院、最高人民检察院、国家人事部等 15 部委联合下发了《关于〈事业单位法人证书〉使用问题的通知》，规定事业单位在办理刻制印章、开立银行账户、税务登记、法律诉讼、社会保险等诸多事项时必须提供"事业单位法人证书"。但从实际工作的效果看十分不理想，大多数事业单位不直接从事经营活动平时很少用法人证书，登记的积极性

---

① 冯晨、孟勤芸：《事业单位登记管理面临的问题及对策》，《继续教育与人事》2001年第 8 期。

不高，还有相当大一部分事业单位因为规模小、资产关系不顺无法登记，"事业单位法人证书"的社会作用难以充分发挥。

因此，实际上事业单位登记制度并没有足够的必要性，仅仅为了登记而登记，陷入形式化思维，而且事业单位登记制度还占用大量的社会资源。建议取消事业单位登记制度，改为备案和公告制度。事业单位由于属于国家设立的公共服务主体，设立时必须有相应的审批程序，并在法定的框架下完成，其能取得事业单位资格，说明已经具有足够的合法性。相比企业法人登记，登记机关是设立企业法人的第一道监管门槛，事业单位为了登记而登记没有任何意义，究其实质现在的事业单位登记其实相当于一种备案制度的。

（二）事业单位"双重法人"现象思考

所谓双重法人，是指既被事业单位登记部门认定为事业单位法人，又被工商行政管理部门认定为企业法人的现象。受利益驱动，一些具有经营性质的事业单位在办理了"事业单位法人证书"后，还到工商部门办理"企业法人证书"，形成了事实上的"双重法人"资格，哪个身份有利就用哪个身份开展活动，破坏了市场经济公平竞争秩序，显然与立法原则相违背，这类单位由于主体身份不明确，在业务活动中遇到纠纷时，责任也难以明确。

双重法人现象的出现源于国家法规的规定。《企业法人登记管理条例》第 27 条对事业单位、科技性的社会团体从事经营活动的登记管理做出了规定："事业单位、科技性的社会团体根据国家有关规定，设立具备法人条件的企业，由该企业申请登记，经登记主管机关核准，领取'企业法人营业执照'，方可从事经营活动。"《企业法人登记管理条例》第 28 条规定："根据国家有关规定，实行企业化经营，国家不再核拨经费的事业单位和从事经营活动的科技性的社会团体，具备企业法人登记条件的，由该单位申请登记，经登记主管机关核准，领取'企业法人营业执照'，方可从事经营活动。"《企业法人登记管理条例施行细则》第 3 条规定：实行企业化经营、国家不再核拨经费的事业单位和从事经营活动的科技性社会团体，具备企业法人条件的，按照第 2 条所列行业或者下列所属行业申请企业法人登记：公用事业，卫生事业，体育事业，社会福利事业，教育事业，文化艺术事业，广播电视事业，科学研究事业，技术服务事业。

全额预算管理的事业单位绝对不能登记为企业法人。从实际情况来看，全额拨款、国家差额补贴、自收自支三种类型的事业单位在法人资格的多重性上各有特点。这类事业单位主要是学校、基础科研单位、环保监测单位、防疫检疫单位、博物馆、文史馆、档案馆等。全额预算单位不能办理企业法人登记或营业登记。其理由如下。一从性质、任务看，全额预算管理的事业单位如学院、博物馆、基础科研单位基本上属于社会公益性、技术性的单位，主要承担国家某一方面的任务，这些任务是必须完成的。因此，它的任务和性质决定了其不能成为市场经济的主体。二从承担民事责任的后果看，市场经济主体是要承担一定的民事责任的。全额预算管理的事业单位如果进行企业法人登记或营利登记，就意味着它要用自己的全部财产去承担民事责任，实质上是国家承担无限责任。这显然是不可能的。

差额预算管理的事业单位不能登记为企业法人。这类事业单位主要有医院、基础技术和应用科学研究单位、科技馆、展览馆、艺术馆及文艺创作单位等。差额预算的事业单位有较稳定的收入，所以国家只核拨部分经费，不足部分自己解决。但国家并不打算把它推向市场，比如医院等基本上是社会福利单位。在企业登记的掌握上应与全额预算管理的事业单位相同，不能办理企业法人登记或营业登记。

自收自支的企业化管理事业单位存在比较普遍的双重法人现象。这类事业单位包括规划研究设计单位、报社、杂志社等。实行企业化管理的事业单位的国家财政拨款经费逐年递减，发展趋势最终是过渡到自收自支，国家不再核拨任何经费，使其成为自主经营、自负盈亏、独立承担民事责任的市场经济主体，并进行企业法人登记，取得企业法人资格。企业化管理的事业单位进行企业法人登记，可能出现双重法人资格问题。

双重法人存在一些法律问题，主要是明显的利益取向和双重主体身份和名称。一方面，由于双重法人的身份，以提供公共服务的名义享受国家财政拨款。国家核拨经费递减期间该单位在财政部门仍有户头，享受财政经费。企业法人登记后，国家仍然定期拨款，并不取消经费。另一方面，这类双重法人利用企业法人的身份，依赖独特的优质资源，比如版号、频道、版面、公共卫生资源、公共教育资源、公共科研资源大肆进行利益取向的营利性商行为，缺乏必要的制约，造成市场秩序混乱。① 可以说，双重法人现象的产生，凸显了法人分类制度的缺陷。事业单位申请企业法人登记，均应按照《企业名称登记管理规定》，这样就可能出现事业单位登记后又有新的企业法人名称的现象。两个名称的存在，虽说主体是一个，但从国家赋予民事主体的法律地位角度讲，一个是事业法人，另一个是企业法人。登记通常采用两种办法：一是按原事业单位名称进行企业法人登记；二是进行营业登记。从趋势上看，这类事业单位如

---

① 事业单位从事营利性活动，不但成本由国家买单，收益单位内部成员消化，还享受税收等优惠。

果不是提供公共服务，而是提供市场化程度高的活动的，那么应该以商事主体身份进行商事登记（我国为工商登记，其他国家则是法院或者其他机构登记），企业法人登记有利于这类单位向企业过渡。企业法人登记后出现双重法人资格的问题，应该说随着经费的递减直到国家不再核拨经费，其事业法人资格也就没有了实际意义。[①] 对自收自支的事业单位，国家不核拨任何经费，由单位自己创收。按照《民法通则》的规定，应该说这类事业单位不具备事业法人的基本条件。因此，自收自支的事业单位应该办理企业法人登记，由该事业单位的民事主体投资设立，经企业登记主管机关核准，取得企业法人资格。

---

① 冯晨、孟勤芸：《事业单位登记管理面临的问题及对策》，《继续教育与人事》2001年第8期。

第三章　事业单位泛商化的法律分析

一　事业单位营利性行为法理分析

　　中国的事业单位，在理论上属于公益性事业组织。关于公益性组织的营利性行为问题，学术界有两种观点。一种观点认为，公益性组织不能够从事营利性行为，排斥营利，这包括三层含义。首先，公益性事业组织排斥组织的"个人营利"行为。美国约翰·霍布金斯大学非营利组织比较研究中心主任萨拉蒙指出，"不以营利为目的的组织结构，有一个不致令任何个人利己营私的管理制度"，"组织的净收入或利润不得以任何形式分配给任何个人；组织的员工可因实际工作获取合理薪酬，但董事通常不应支领薪酬；组织清算或终止存续时，不得将资产分配给任何董事、会员、员工、创立人或捐助者"。[①]　其次，公益性事业组织排斥团体营利。吉瑞赛特指出，"组织已经根据其所有者关系和投资情况进行了划分，即组织成员既无'剩余索取权'，不得分配利润，又无财产分割权，对破产清算财

---

① 李燕凌：《详论公共事业组织的本质特征》，《中国行政管理》2005 年第 1 期。

产也不能拥有所有权"。① 公益性组织必须"受到社会和政策的严密审视，有相应的财务管理制度和监督制度"，组织的"所有权不能是私有的，财产不能在市场上交易，不能强迫兼并"。② 再次，公共事业组织受"税法"约束。在具体运作规范上，它是有严格免税规定的组织。沃尔夫主张，"必须排除私人利益或收入方可享受政府免税的特别地位"。以"公众利益"为目标的公共事业组织，其经营活动是免税的，财政拨款是免税的，捐款人的捐款也是免税的，而以"团体或部分社会成员公众利益"为目标的公共事业组织，则视情况给予适度免税。如果一方面享受国家的免税优惠，另一方面又大行营利之能事，则有悖于社会公益目标。

还有一种观点认为，公共事业组织的"非营利性"并不排斥运营中的营利性行为，关键是对剩余索取权加以限制。因为非营利组织是依托民间力量在做本来属于国家职能的工作，如果没有持续的财力支持，不可能发挥好的效应，关键的一点就在于要坚持不分配限制的原则，即营利所得不可以分配给非营利组织内部成员。里贾纳·E. 赫兹琳杰认为，"我们托付给非营利组织最重要的社会职责是启迪心智、升华灵魂、保护健康和安全"③，如果法律允许公益性组织的营利性行为所得可以分配，增加组织成员的个人福利，将导致公益组织职能错位和角色混乱，置公益组织于营利性商事组织的地位，不但影响公益目标的实现，而且还破坏公平竞争的市场秩序。④

---

① 〔美〕雅米尔·吉瑞赛特：《公共组织管理理论和实践的演进》，李丹译，上海译文出版社，2003，第 35 页。
② 邵金荣：《非营利组织与免税》，社会科学文献出版社，2003，第 12 页。
③ 〔美〕里贾纳·E. 赫兹琳杰等：《非营利组织管理》，北京新华信商业风险管理有限责任公司译校，中国人民大学出版社，2000，第 3 页。
④ 这一点尤其需要我们关注。我们注意到很多事业单位违背了公益性的组织目标，出现了一定程度的商业化过度现象，这引发了很多法律问题。

　　笔者赞同第二种观点，我们在规范事业单位营利性行为的时候，更应该强调的是：不能将营利所得用于内部人员的福利，而只能用于特定的公益目的。当然，应该特别指出的是：公共事业组织在进行营利性行为追求某种经济利益时必须极其谨慎。过度的商业化实践、公益事业组织自身以及其内部成员对商业化带来的福利增加的预期必然导致公共利益目标的迷失，因此必须防止公益事业单位营利性行为过度。斯坦福大学的 J. 格雷戈里·迪斯教授警告说，非营利组织商业化面临许多危险，如果出现极坏的情况，商业化经营有可能违背（公共事业）组织的社会服务宗旨。当非营利组织变得更加企业化时，会受到营利组织竞争者的抵制。竞争者认为，非营利组织在税收优惠、低劳动成本[①]、资本和供应等方面占优势，是不公平竞争。如果竞争持续升温，营利组织竞争对手将向政府施加压力，使它重新考虑非营利组织享有的免税优惠。[②]

　　国家在设定每一个事业单位时，都按其"事业"的特点，对其职能范围作了明确的认定。国家设立事业单位的本来目的是为社会提供公共服务产品，这些单位的资金来源主要是国家的财政拨款，而不是消费者或者服务对象。事业单位属于提供公共服务的法人机构，公益性是中国事业单位法人的法定要求。按照相关法规的规定，中国的事业单位都是以社会公益为目标的。《事业单位登记管理暂行条例》第 2 条对此明确做出了规定："本条例所称事业单位，是指国家为了社会公益目的，由国家机关举办或者其他组织利用国有资产

[①]　非营利公益组织往往可以通过招募志愿者从而降低劳动力使用成本，而志愿者的招募恰恰源自组织的非营利和公益性。

[②]　〔美〕里贾纳·E. 赫兹琳杰等：《非营利组织管理》，北京新华信商业风险管理有限责任公司译校，中国人民大学出版社，2000，第 131 页。

举办的，从事教育、科技、文化、卫生等活动的社会服务组织。"
2005 年 4 月 15 日由国家事业单位登记管理局发布的《事业单位登记
管理暂行条例实施细则》第 4 条也明确强调了事业单位组织的公益
性："本细则所称事业单位，是指国家为了社会公益目的，由国家机
关举办或者其他组织利用国有资产举办的，从事教育、科研、文化、
卫生、体育、新闻出版、广播电视、社会福利、救助减灾、统计调
查、技术推广与实验、公用设施管理、物资仓储、监测、勘探与勘
察、测绘、检验检测与鉴定、法律服务、资源管理事务、质量技术
监督事务、经济监督事务、知识产权事务、公证与认证、信息与咨
询、人才交流、就业服务、机关后勤服务等活动的社会服务组织。"

必须明确事业单位公共服务部门的属性和公益性的宗旨。事业
单位是提供特定公共服务的公益性主体，公益性是其首要特征。公
益性是服务于不特定的社会公众的某种公益需要的，而商业性则是
服务于追求经济利益最大化的，二者存在矛盾和冲突。

二 中国事业单位的泛商化：原因和问题

（一）中国事业单位泛商化的原因

改革开始后事业单位客观上出现了普遍营利化的倾向，主要原因
有三个方面。一是在财政补贴有限，提高职工收入呼声甚高的形势
下，许多单位不得不把"创收"放在工作的第一位，甚至行政机关直
接举办的事业单位很多是以"创收"为目的。二是政府起了某种推动
作用。1980 年 1 月 24 日，中共中央、国务院发出《关于节约非生产
性开支、反对浪费的通知》，其中明确规定：从 1980 年起，国家对文

教、卫生、科学、体育等事业单位和行政单位试行"预算包干"办法，节余留用，增收归己，以调动其增收节支、提高资金使用效果的积极性。一切有条件组织收入的事业单位，都要积极挖掘潜力，从扩大服务项目中合理地组织收入，以解决经费不足的问题，促进事业单位的发展。应用科研单位和设计单位要积极创造条件，改为企业经营，不仅不用国家的钱，还要力争上缴利润。1985年国务院发布《事业单位奖金税暂行规定》，第1条规定"为了鼓励事业单位向经济独立、经费自给过渡，使事业单位有计划地逐步提高职工的收入水平，并从宏观上控制消费基金的过快增长，特制定本规定"。这些制度实行以后，各事业单位想尽办法为本单位、本部门创收，确实有了一定的经济收益，并出现了一些企业化管理的事业单位，与企业一样，独立核算、自负盈亏。1992年《中共中央、国务院关于加快发展第三产业的决定》（中发〔1992〕5号文件）提出对事业单位的政策是：①实行"谁投资、谁所有、谁受益"的原则，不能过多依赖国家投资；②实行企业化经营，"现有的大部分福利型、公益型和事业型第三产业单位要逐步向经营型转变，实行企业化管理"。以政府文件的形式肯定了事业单位企业化经营的行为。三是受到苏联民法的影响，模糊公权力在社会管理关系与经营关系中的根本区别。这种情况导致当代法治社会"公权不得牟利"的原则被彻底毁坏。因此我国至今存在大量利用公权力创收的情况，民法本有可为，却无法作为。①

（二）事业单位泛商化所产生的法律问题

1. 事业单位泛商化的实质是公共资源的商业化利用

事业单位进行泛商化的营利性行为之实质在于公共资源的商业

---

① 孙宪忠主编《民法总论》，社会科学文献出版社，2005，第33页。

化利用。因为事业单位不仅占有国家大量的物质资源（行政事业单位资产占全国非经营性国有资产的 72%），而且占有价值无法估量的无形资产（如广播、电视、报纸、出版及有效证件的发放等），并且在税收上享有优厚的政策，为事业单位创收提供了其他经济主体难以比拟的竞争条件。事业单位的收入多是用来改善本单位的工作条件和提高职工的福利水平的，基本不上缴国家。在财务手续上，很多事业单位并不遵循"收支两条线"的基本原则。可以说，在经济利益的驱动下，事业单位客观上出现了营利性行为过度化的问题。经过资料分析和实际调查后发现，在中国的事业单位中，不但企业化的事业单位在进行几乎纯粹的市场行为，公益性的事业单位在不断发掘自己独特的资源优势进行各种形式的市场化行为，就连公权力性质的事业单位也在从事各种形式的营利性活动。① 这些事业单位，占用着国家资源、享受着财政支持，却没能充分有效地提供相应的公益服务和积极公正地履行应尽的职责，"反而利用事业单位性质上非政非企又亦政亦企的模糊空间，最大限度地运用、享受着政府部门与企业两者拥有的权力和利益，又最大限度地游离于政府部门所受的行政约束和企业所承受的市场压力之外"。② 虽然近些年来政府对部分事业单位实施了企业化转制或企业化管理，但从总体上看，其仍有大量服务和产品与政府社会职能无关，本应作为营利性市场主体存在的经营性机构存在于事业单位之中，并由政府进行组织，大量非公益性机构"充斥"在"事业单位"之中。

事业单位泛商化的营利性行为导致角色错位。事业单位该做的公益性的事情没有做好，反而热衷于经济创收，造成角色错位。角

---

① 这种营利性行为绝大多数可以算是商法意义上的商行为。
② 范恒山：《事业单位改革（PSU）的新路径》，《财经界》2004 年第 5 期。

色错位导致的结果就是：本来应该以公共利益为唯一目标的事业单位赤膊上阵冲到了商业竞争的最前线，社会公益目标必然成为商业利益不应有的成本。笔者的看法是：一方面要大力规范事业单位的设立、运营、内部治理、财务等制度，明晰事业单位的法律地位、目标职能、权利能力和行为能力；另一方面要严格区分事业单位与企业组织的界限，特别是营利性行为方面的差异。

2. 事业单位泛商化引发公共职能与营利性行为之间的法律冲突

事业单位的泛商化使得其性质、职能与行为之间出现了扭曲和偏差，本应作为营利性市场主体存在的经营性机构存在于事业单位之中，并由政府进行组织，大量非公益性机构充斥在"事业单位"之中，真正具有社会公益性的社会事业受到削弱，同时，此类机构利用与营利性市场主体完全不同的地位和特殊条件参与经营活动，也造成了经济与社会秩序的混乱。

一些承担社会公益职能，事实上不应市场化、企业化的机构却被推向市场。这些机构在实施了企业化改制或企业化运行后，自然将营利视为唯一目标，其本身应当具有的公益目标则大都被放弃，一些机构甚至还以损害社会公益目标为手段获取自身经济利益，最终结果是公共服务和公益目标受到严重影响。在未来的改革中，上述问题必须予以认真解决。可以企业化、市场化的事业单位一定要尽快市场化，利用市场机制提高其效率并实现资源配置的优化。相反，涉及公众基本利益的公共服务则绝不能市场化。

"我国的事业单位，无论是政府行政性的，还是研究教育性的，都会有一定程度的'公司化'，因为需要分担政府财政的成本，因为有创收的职责，所以，这导致非生产性单位与生产性单位之间的界限变得模糊：生产性的单位希望具有政府行政部门那样对资源的垄断权，非生产性单位希望具有类似生产性单位那样的创收功能，政府也希望具有公司化的职能，获得更大的财政支配和解决就业能力。"① 在我国公共事业组织目标的不明确性、多样性和相互抵触性的情况尤为突出。近来的事业单位改革中，有一种观点认为事业单位应当按照企业体制进行改革。在部门和地方对事业单位的管理体制改革探索中，企业改革特别是早期企业改革的做法被广泛采用。例如在决策方面普遍实行类似于厂长、经理负责制的行政首长负责制；在经费方面实行类似于企业利润包干的经费包干，并鼓励事业机构之间以创收为目标的竞争；在分配方面则普遍实行工资与经济效益挂钩甚至层层承包；等等。这样，事业单位一方面具有非营利性特点，另一方面又具有营利性的特点。②

从理论上来看，既然事业单位是以公益为目标的，那么从主体上说，事业单位不应当是私法层面的商事主体。商事主体是指具有商事权利能力，依法独立享有商事权利和承担商事义务的个人和组织。③ 学者指出我国商主体应当包含四个基本要件：财产要件、名义要件、营业要件和登记要件。④ 而从行为层面考虑，事业单位普遍存在的营利性行为似乎应该归为商事行为，商事行为是任何主体以营利为目的的活动，是"通过商业合同所进行的业务活动"。⑤ 现代商

---

① 吴志攀：《单位规则——我国社会存在的"第三种规则"》，载北京大学法学院编《江流有声·北京大学法学院百年院庆文存之民商法学、经济法学卷》，法律出版社，2004，第253页。
② 《瞭望东方》周刊：《解析事业单位改革出路》，http://www.yunnan.cn 2004-11-11 13：11：26。
③ 赵中孚主编《商法总论》，中国人民大学出版社，1999，第71页。
④ 范建、王建文：《商法的价值、源流及本体》，中国人民大学出版社，2004，第199~200页。
⑤ 上海社会科学院法学所编译《各国宪政制度和民商法要览·欧洲部分》（下），法律出版社，1986，第199页。

法一般采取折中主义的商事行为概念，也就是商事行为既包括任何主体从事的营利性营业行为（客观商事行为），也包括商主体从事的任何营业性活动（主观商事行为）。[①] 在商人的普遍化客观存在的情况下，在转型时期对营利性行为规范不足的情况下，事业单位的营利性行为有了生长的土壤，人们对此习以为常，甚至以本事业单位的营利化目标作为重要考核指标。这就不得不让人思考：名义上的公益性事业单位，有一些是不是应该归入商事主体中？[②] 另外，事业单位普遍商事行为的存在，应该有怎样的法律规范确保其公益目标的实现而不致滥用公益或者非营利组织的地位？可以说，各类事业单位竞相逐鹿商海，引起了公益目标和商业目标的严重冲突。这个问题是值得反思的。[③]

3. 事业单位过度营利性行为导致公共利益目标受损

事业单位商业化的一个结果是：社会公益与商业利益之间的利益冲突。不同的法人类型被法律赋予不同的使命，事业单位法人的使命当然是为不特定的社会公众提供优质的公共服务，而企业法人的使命则一般是实现特定的经济利益目标。当这两种价值目标被赋予同一个法人主体时，社会公益与商业利益的冲突是在所难免的。

---

① 日本、韩国等采用折中主义商行为立法模式。

② 笔者是从学理的角度考虑的，立法的层面我国暂时没有明确承认商主体相对于一般民事主体的独立性与特殊性。

③ 有的学者认为："单位在一定程度上创收，有某种合法性和必然性。中央单位通过编书获得一定的版税的创收，例如一些立法机关和司法机关编写的立法解释和司法解释的书，因为有了这些机关的权威性和信息的垄断性，它们编写的书是具有一定畅销度的。大学通过办辅导班或培训班来创收。由于大学的品牌和知识的垄断性，大学办班也有一定的吸引力。还有一些单位通过相关的中介服务来获得创收。如对商业市场具有一定行政管理权的单位可能通过关联的中介单位创收间接获得分成，或者出租一部分办公用房收取房租来创收。"笔者不同意这样的观点，不能仅仅因为单位内部利益人员受益于创收活动就赋予其合法性。参见吴志攀《单位规则——我国社会存在的"第三种规则"》，载北京大学法学院编《江流有声·北京大学法学院百年院庆文存之民商法学、经济法学卷》，法律出版社，2004，第253页。

事业单位提供的是公共服务，事业单位运行和服务的目标是使社会效益最大化，而不是机构本身的效益最大化。事业单位所追求的公共利益与机构自身利益特别是从业人员的个人利益通常是不一致的，有矛盾的。鼓励事业机构追求"经济绩效"并将其与个人收入挂钩，必然出现机构和个人利益侵害公众利益的结果。有人单纯从效率的价值标准出发认为事业单位改革就是减人、全员聘用、撤销机构、减少拨款、改为公司或者集团，其实远远没有那么简单。如果理不清企业和政府的责任边界，事业单位改革可能滑入过度市场化深渊，而真正的社会公共服务产品就有按照市场原则分配的可能，在增加部门利益和团体利益的同时，有损社会公平和国家利益，因此简单套用企业改革的做法存在很大问题。从这些年一些行业、一些地方改革的实践看，这种问题事实上已经很突出了。

事业单位本来是国家投资用于特定公共利益目的的机构，但是事业单位内部的人却在不遗余力地追逐着自己的"利益最大化"。"单位利益"意识强于公共服务意识，一味地利用国家赋予的相对垄断的资源进行利益最大化的商业实践，而受损的只能是"公共利益"。我们很吃惊地发现：作为国家电视台的中央电视台，拥有的十几个电视频道无一不从事商业广告、商业演出等营利性活动，中央电视台甚至每年还大张旗鼓地进行所谓"广告招标"，每年的广告收入达数十亿元；一些国家级报纸也在进行经常化的商业化操作。可以说，已经没有一个纯粹的公共媒体了。我们还诧异地看到：许多公立学校充分挖掘自己的"市场能力"，不断开发出新的"教育培训产品"用于创收。我们很难理解为什么现今的大学越来越像职业培训中心，只要有钱，什么班都能办、什么课都能开，随波逐流，舍本逐末，办学行为功利性色彩很浓厚。教育学专家杨光钦撰写的

《大学改革：功利的陷阱与出路》对此也忧心忡忡。① 这样的情形也引起了高校领导的重视，中国人民大学校长指出"一些政府部门的行政官员到高校来要文凭，一些人花钱买文凭，权、钱、学的置换，使高校的交易色彩越来越浓厚，这对学风、校风的影响是至为恶劣的"。②

国家举办的事业单位性质的科研机构本来应该以提供公共科研产品为己任，但是这些科研机构为了创收不遗余力地在从事服务于特定商事主体的研究咨询活动，国办的科研机构为了得到研究经费、咨询费而成为私人主体性质的国内公司、跨国公司的咨询顾问，这势必产生利益冲突；国家举办的事业单位性质的教育机构利用占有的公共资源（包括师资、教室、场馆、学历学位授予权等）几乎不加限制地进行营利性活动。笔者调查过北大、清华、人大、中央财经大学等学校，所有的学校都在为创收而采取形式不同的营利性行为。有必要指出的是，教育与培训不是一个概念，教育具有公共产品的性质，而培训则可以被视为一种私人产品。公立大学用大量的公共教育资源从事营利性的培训业务，有滥用公共资源之嫌。从物权法上物的分类来看，公共事业机构的财产可以被视为公有物。

在我国财力有限的情况下，投入公共事业的资源是相当有限的。但是有限的公共事业资源被过度商业化，受到影响的自然是公共服务的质量。③ 因而，公共服务质量本身成为事业单位商业化行为的一

---

① 杨光钦：《大学改革：功利的陷阱与出路》，社会科学文献出版社，2005，第 80 页。

② 蔡闯：《加强自律科学考评——高校负责人谈根治学术腐败》，《光明日报》2002 年 3 月 27 日。

③ 有的名牌大学的课程表上，注明是某某名教授上课，但实际上可能只是这位名教授的博士生或者硕士生上课。那这位名教授呢？想必是分神忙于他自己认为更重要的事务了，却轻易把自己的神圣职责搁在一边！笔者通过调查发现学生对此已经司空见惯了！在这样的状况下，本科生、硕士生甚至是博士生的培养质量下滑是自然而然的事情。

个不该有的成本。如有的大学利用国家投资建设的体育场馆从事营利活动：成立营运公司，赚取场地租金。而学生这些公共服务的对象，却一样要付费才可以享受国家为他们修建的体育设施。更糟糕的是：有些场地长时间被商业公司包租，学生订场地很困难。现在大学的"市场化程度"已经很高了，在国外很多都是免费的如开水、澡堂、网络、体育设施、图书馆内复印服务等在国内无不需要一般等价物来换取。

事业单位的泛商化倾向，使得事业单位从业人员本来比较高的社会评价呈现降低趋势。过去我们把高校教师称为"人类灵魂的工程师"，把医生称为"白衣天使"，把记者称为"无冕之王"……这些群体中固然依然不乏充满公共情怀而不染商业习气的人士，但是客观上讲这些年对事业单位人士的社会评价在降低。比如 2005 年人们对国内经济学家的评论，网上投票只有两位经济学家超过 10% 的票数，人们普遍对本应代表公益立场的经济学家像商业性的咨询顾问一样为利益集团代言表示不能认同。高等学校教师的社会评价也在降低，这些公立大学的老师往往有多重身份：高校教授、国家机关专家、培训机构明星老师、商界顾问等。很多人穿梭于商界、培训机构、出版社。《经济学家茶座》2005 年第 1 期有篇文章《经济学教育诸侯的生财之道》披露了经济学家的生存方式，据说知名的经济学家每年的收入都在几十万元到百万元。这种高校教师个人的商业化活动与他们从事的本职工作已经发生了突出的矛盾，有些大学的教师因为长时间从事考研辅导耽误校内正常上课被学校给予纪律处分。公立大学教授本来应该具有的"先天下之忧而忧，后天下之乐而乐"的公共知识分子情怀在商业化浪潮的冲击中，越来越引不起有关人士的足够重视——这对于一个民族、一个国家来说，是一个十分危险的信号。笔者认为其核心问题是角色错乱和权利冲突。这是简单的以经济目标为尺度的价值判断，是不科学的。在国家大力构建和谐社会，强调科学发展观的时代背景下，我们有必要反思这样的做法。民法作为社会主义市场经济的基本法律，应该从民事主体完善这个角度关注公益价值的实现。

4. 事业单位营利性行为过度还造成了经济与社会秩序的混乱

事业单位利用与营利性市场主体完全不同的地位和特殊有利条件参与商业化经营活动，造成了经济与社会秩序的混乱。[①] 事业单位由于其非企业身份，所以能够享受到税收的优惠，而且还不适用《反不正当竞争法》[②]，造成特定领域的竞争和垄断处于脱法状态，加之事业单位所享受的独特的资源优势，比如杂志社的刊号资源、出版社的书号资源、学校的招生计划、电台的播出频率等，使得这些事业单位往往能以很小的成本获得相当可观的利益回报。这些现象已经成为受到广泛关注的社会问题，我们注意到：有些营利性行为已经成为舆论焦点（比如教育、卫生、演艺领域的高收费问题几乎到了引起民愤的程度）。客观地说，中国事业单位确实存在市场化"过度"的问题，这个评价并不过分。[③] 有一些本来具有执法权力的行政执行类的事业单位也想增加效益，做一些市场活动，这等于是具备执法和经营两类性质截然不同的行为。比如气象部门属于事业

---

① 事业单位商业化为本单位及其职工谋取利益的做法，在 20 世纪 80 年代末曾受到最高人民法院、最高人民检察院的重视，这两家机构 1989 年 3 月 15 日联合发文《关于当前处理企业事业单位、机关、团体投机倒把犯罪案件的规定》，指出"近几年来，一些企业事业单位、机关、团体违反国家有关法律法规，以及国务院有关规定和政策，通过各种手段进行投机倒把活动，为本单位牟取非法利益，特别是有些机关、单位利用手中掌握的权力从事投机倒把活动，严重地破坏了正常的经济秩序和经济环境，妨害了改革和建设事业的顺利进行"。

② 景朝阳：《新闻传媒业法》，载《经济法》，中国人民大学出版社，2005，第 418 页。

③ 有学者甚至认为事业单位的利益黑洞吞噬了改革成果。陈敏：《事业单位的利益黑洞吞噬了改革成果》，《中国改革》2004 年第 6 期。

单位，它有权监管氢气的使用——这属于公权力范畴，但是许多气象部门又有自己的经营性机构，独占店庆典礼等的氢气球市场。如果有其他市场单位也经营氢气球市场的话，气象部门可能又会动用自己的执法权力，造成市场秩序的混乱，气象部门的氢气经营机构自然形成某种垄断利润。[①] 公权力事业单位机构居然一手执权杖排挤竞争对手，一手做生意成为商人，其营利性行为如何能有足够的正当性呢？一些承担社会公益职能，事实上不应市场化、企业化的机构却被推向市场。这些机构在实施了企业化改制或企业化运营后，自然将营利视为唯一目标，其本身应当具有的公益目标则大都被放弃，一些机构甚至还以损害社会公益目标为手段获取自身经济利益，最终结果是政府职能和国家利益受到严重影响。

（三）法律思考：公益性与商事性的矛盾是事业单位泛商化的主要原因

事业单位出现泛商化的根本原因在于公益性和商业性的矛盾。

一方面，事业单位对于自己所承担的公共服务提供职能认识不到位。事业单位本来就是为社会公众利益或者特定国家利益服务的特殊主体，公益性是其天然属性。公益性与商事性南辕北辙，集公益性与商事性于一体是不能想象的。但是在特定的历史条件下，在一个国家把经济建设意识形态化、国民生产总值成为整个社会的指挥棒、社会的各种力量以赚取经济利益为第一要务的背景下，本来与商事活动绝缘的各种公共服务性事业单位，纷纷走出自己的象牙塔，与市场进行亲密接触。这样做必然影响到公共利益，这类特殊

---

① http://www.emm.com.cn/zznews/Shownews1.asp? num = rsb - 200432694719.

的民事主体本应该承担的公共服务职能逐渐被能够带来现实利益的商事行为蚕食。这可能是增量增长理论带来的一个成本。那么现在，国家及时总结历史经验，提出"科学发展观""和谐社会"的崭新发展理念，这样的理念对高质量的公共服务提出了更高要求，因此我们不能再无视或者漠视包括事业单位在内的非商事主体的泛商化行为了，相反值得深入检讨和反思此类行为，并用法律手段限制公立高校、公立科研机构、公立医院、公立文化机构等事业单位的过度商事行为，回归本位，担负应尽职能，为构建和谐社会做出贡献。

另一方面，事业单位泛商化的出现，还可能与民商事主体制度建设的不完备相关。笔者认为，公益性事业单位泛商化成因根本的一点，就在于我国私法主体制度的一元化模式。所谓私法主体的一元化制度模式，是相对于私法主体二元化规制模式而言的，就是在私法领域，不进行民事主体与商事主体的严格区分，坚持理论与实践中的民商合一。笔者认为，在现代社会中，应该采取私法主体二元化规范模式。采取这样的模式，作为公益性事业单位，明确自己的公益主体身份和所承担的公益职能，远离商业化诱惑，规范运营，为社会奉献优质的公共产品。反之，不明晰公益主体的身份，不明确商事行为的规范，只能助长公益事业单位泛商化的走势，产生不必要的社会进步成本。如果各类社会组织边界模糊，那么行为必然失范。笔者的看法是：凡是固定从事营利性营业活动的主体，应该定性为商事主体。这类商事主体经过商事登记成为合格的商事主体，包括商事自然人、商事合伙和商事法人。公益性事业组织和民间举办的非营利组织则不能被定性为商事主体，法律为这类组织的生存发展营造了区别于商事主体的制度空间，因此这类主体从事商事行为应该得到明确的规范和限制，不能听之任之。从事商事活动必须具备商事主体资格或者接受商事法律的调整，无论从主体制度还是行为制度方面都加以明确，这是私法水平的进步。

1978 年改革开放以来，伴随着"以经济建设为中心"的政策激励，各类社会组织都以充分的热情投入"经济活动"中。国有企业进行逐步深化的面向市场的改革，"非公"经济发展迅猛——这都是正常的。但是我们注意到，一些国家事业单位、社会团体甚至一些国家机关、军队单位也在进行营利性的以"创收"为特征的营利性行为。这已经超出了这些机构固有职能的范畴，这些行为已经具有明显的商行为特征，似乎可以得出结论：当时整个社会出现了"泛商化"现象。这其中，国家机关、军队单位的营利性创收活动受到越来越规范的管制，但是公益性的事业单位普遍从事商业化的活动，并没有相应的法律制度予以约束。中国特色的事业单位开始以创收为主旋律进行商业化或者产业化实践，事业单位一般利用国家赋予的独特资源（比如高等教育资源、媒体信息资源、文化资源等）进行以营利为目的的市场行为。中国的事业单位之所以出现广泛的商业化现象，与此是密切相关的。正是由于没有商事主体的特别规定，非商事主体的商事行为获得了表面的正当性甚至还被鼓励，这自然助长了公益机构商业化的热情，而这种商业化恰恰是需要警惕的。

三　公权力性质事业单位营利性行为分析

公权力性质事业单位的基本功能是通过承担政府委托的政策执行、执法监督、社会管理和公共政策研究等事务，维护国家经济与社会秩序的稳定，保证党和国家大政方针的实施。如金融监督机构、工程与环境质量监理机构、交通监理机构、卫生监督机构、资格认定机构、政府部门直属的政策研究机构和信息统计机构等都属于此类。

笔者通过研究资料发现，在中国享有公权力的事业单位中，利用国家授权的权力进行营利性行为的现象并不鲜见。一些含金量高的行业，政府部门派生出一个事业单位的机构，借政府授权进行商业操作，这种现象非常普遍。公法人性质的事业单位既要追求公共利益，又要作为"牟利者"花费一部分气力去搞"创收"。两种利益并存，双轨并行，一身二任，一体两色。① 行政执法类事业单位客观上存在程度不同的营利性行为，这对于依靠公共财政营运，服务于公益目标的事业单位来说并没有足够的正当性。

首先行使公权力的事业单位应该受到严格控制，杜绝随意设立，如果确实需要，应该与商事行为绝缘，成为纯粹的国家机关，不应该继续占用事业单位的编制。其次行使公权力的事业单位不可进行商事行为和追求经济利益。行政执法类事业单位实际上是一种公权力组织，因为其基本职能通常需要借助公权力的行使来实现。现存的此类事业单位对待商业利益的态度应该是"退避三舍"，而断然不是"赤膊上阵"。

中国证监会、中国银监会、中国保监会、中国电监会等几大机构都在以"监管费"的名义向被监管的企业收取费用，可以看作一种营利性行为。因为上述享有公权力的事业单位的全部经费都由国家财政拨款，按道理不应该再收取监管费，而且监管费与交易额挂

---

① 有财政学者从构建反腐倡廉制度体系的大计出发，认为政府部门经费一定要着眼于实行财政统一"供给制"。现行政府部门的经费一部分由财政拨款，另一部分靠部门自筹，这种办法决不能继续下去。参见高建勇《构建反腐倡廉的财政制度基础》，《改革内参》2005年第5期。

钩，使得监管者本身的权威中立立场不能保证。笔者的看法是：既然这些享有公权力的所谓事业单位已经取得财政上的支持，就不应该再收取监管费用，否则容易造成利益冲突和角色混乱，与法治精神背道而驰。

中国证监会从 1995 年开始收取证券期货市场监管费，根据（〔1995〕2393 号）国家计委、财政部文件《关于证券、期货市场监管费标准的通知》，中国证监会收取下列监管费。证券交易监管费按股票交易额的 0.025‰ 向经国务院批准试点的证券交易所收取。对具有法人资格的证券经营机构（证券专营公司及证券兼营机构）按下列标准收取机构监管费：证券专营公司，按注册资本的 1‰ 收取，其中，监管费不足 1 万元的按 1 万元收取，超过 10 万元的按 10 万元收取。信托投资公司等证券兼营机构，按注册资本的 0.5‰ 收取，其中，监管费不足 5000 元的按 5000 元收取，超过 5 万元仍按 5 万元收取。对申请公开发行股票的企业，一次性收取审核费 3 万元。期货市场监管费按年交易额的 0.004‰ 向期货交易所收取。

2003 年，国家计委、财政部下发《重新核定证券市场监管费收费标准》（计价格〔2003〕60 号文）通知中国证券监督管理委员会，重新核定证券市场监管费收费标准内容如下。证券交易监管费。对股票由按年交易额的 0.045‰ 收取降低为按年交易额的 0.04‰ 收取；对证券投资基金按年交易额的 0.04‰ 收取；对债券（不包括国债回购交易）按年交易额的 0.01‰ 收取。证券交易监管费向上海、深圳证券交易所收取发行审核费。对申请公开发行股票（含可转债）的企业，收取的发行审核费标准由每个企业 3 万元调整为 20 万元；考虑到基金发行程序与股票有所不同，审核费用也略低于股票发行的审核费用，收费标准为每个企业 16 万元。机构监管费。由只对证券公司收取，调整为对在中国境内登记注册的证券公司、基金管理公司、期货经纪公司均收取机构监管费。对证券公司由每年按注册资本的 1‰收取，最低收费额为 1 万元，最高收费额为 10 万元；调整为每年按注册资本金的 0.5‰收取，最高收费额为 30 万元。对基金管理公司每年按注册资本金的 0.5‰收取，最高收费额为 30 万元。对期货经纪公司每年按注册资本金的 0.5‰收取，最高收费额为 5 万元。期货市场监管费。收费标准仍按年交易额的 0.002‰，向上海、郑州、大连期货交易所收取。① 笔者认为，市场主体已经在交易行为中缴付了各种来自国家的税收，如果再加上"监管费"，会加重市场

---

① 从比较法的角度考察，美国的做法迥异于中国：美国原来没有联邦政府一级的证券监管机构，各地的证券交易所和证券商协会组成了松散的自律联合体。但是在 20 世纪 30 年代末的大萧条和股灾造成证券市场泡沫破灭之后，罗斯福新政中出现了一个不同于美国传统自由市场经济观念的设想就是自由市场经济也需要政府监管，政府需要为保护公共利益而采取行动。于是在这样的背景下美国国会颁布了《1934 年证券交易法案》。其中第 4 款是该法案的核心，正是这一届政府创造了美国证券交易委员会。证券交易委员会属于联邦政府的机构之一，和其他的联邦政府部级单位一样，五个委员都是由总统直接提名，参议院批准，总统任命，同一个政党的委员数目不得超过三个。每个委员的任期为五年。在第 4 条款中的其他内容中，还详细规定了委员会成员、雇员、顾问和聘用的专业人士在工作中应有的报酬、费用报销、办公室租用等具体细节。证券交易委员会的预算来自总统领导的预算局。该机构每年 2 月左右将各个部（包括证券交易委员会）的预算增减，提交报告给国会拨款委员会。国会通过后，就拨款给证券交易委员会。总统每次提交给国会的预算要求报告，证券交易委员会和其他部门的预算要求都列在一起。证券交易委员会的经费拨款安排，可以从第 35、36 条款的"拨款授权"的相关内容中看得很清楚。我们现在看到的《1934 年证券法案》是加入了历年修正案的版本。其中第 35、36 条款"拨款的授权"规定，除了任何其他授权拨付给委员会的资金之外，以下这些授权拨款都是用来行使委员会功能、权力和职责的。从以上介绍中可以看出，作为成熟市场的美国在监管经费来源上保证对证券交易委员会的独立性定位、公正性安排，是做得非常到位的。《1934 年证券法案》在这个方面要告诉我们的是：监管费用来自国家对监管对象（是证券交易所而不是证券投资者）收取的费用，但这项收入属于国家，由立法机构决定其使用权；政府行政监管机构应当在多重监管之下保证这项费用的正当用途，而不致成为政府行政监管机构的第二收入来源；政府行政监管机构在使用这项费用时事前事后应当保证充分的信息披露；政府行政监管机构不直接（也不通过自己的下属单位）收取费用，而是间接地从国会拨款委员会得到所需要并经审核批准的拨款。

主体的交易成本，不利于市场的良性发展。

中国银行业监督管理委员会是国务院直属事业单位，自 2004 年 9 月 19 日起针对监管对象收取监管费。中国银监会以实行监管收费有利于实现有效银行监管；实行监管收费符合国际上的通行做法①；实行监管收费可与国内其他监管机构保持一致为理由，实行收取监管费制度。根据《财政部国家发展改革委关于同意收取银行业机构监管费和业务监管费的复函》以及《国家发展改革委财政部关于银行业机构监管费和业务监管费标准的通知》，银监会印发了《中国银行业监督管理委员会关于收取银行业机构监管费和业务监管费的通知》。银监会从 2004 年起对被纳入监管范围的各类银行业金融机构收取银行业机构监管费和业务监管费。收费对象包括：各类商业银行、政策性银行、信用社；信托投资公司、财务公司、金融租赁公司；邮政储蓄机构；金融资产管理公司；银监会监管的其他银行业金融机构。监管收费分为机构监管费和业务监管费，分别按以下标准收取。机构监管费按照被监管机构实收资本的 0.08% 计收，外资银行分行按银监会核定的营运资金的相同比例计收。业务监管费按照被监管机构的资产规模分档递减，分段计收。具体比例是：资产在 3 万亿元以下，按资产的 0.02% 收取；3 万亿~4 万亿元部分，按 0.015% 收取；4 万亿~5 万亿元部分，按 0.01% 收取；超过 5 万亿元部分不计收。根据被监管机构 2003 年

---

① 但是据资料介绍，美联储的监管费用则是通过立法预算，由政府拨款，美联储主要对服务类项目收费。总体而言，全球大多数监管机构收服务费，不收监管费。在卢森堡，是银行公会向银行收费，银行主要是对进行审计的会计师付费。在西方，对银行的现场稽核更多由注册会计师进行，非现场稽核由监管部门进行。在现场稽核中，注册会计师一方面代表官方进行监管，另一方面通过收费来获取收益。当时，他所在的中行卢森堡分行每年付给会计师只有约 10 万美元，但银行的利润有 1500 万美元，付费只占利润的很小一部分。参见和讯网，http://topic.news.hexun.com/news/Less_1704.aspx。

12 月 31 日的实收资本和资产总额，银监会 2004 年监管收费总额预计高达 50 亿元左右。①

中国保险监督管理委员会作为保险业的监管事业单位，也通过收取保险业务监管费进行营利。国家发改委、财政部联合下发《关于保险业务监管费收费标准等有关问题的通知》，该通知指出，中国保监会对保险公司经营的农业保险、责任保险和短期健康保险业务由按保险公司年度自留保费收入的 2‰收取，降为按 1.8‰收取；其他财产险业务、人身意外险业务由按 2‰收取降为按 1.9‰收取；对长期人寿险业务，由按 1.2‰收取降为按 1.1‰收取；对长期健康险业务，由按 1.2‰收取降为按 1.0‰收取。对保险中介业务的机构也要收取一定数额的监管费。②

中国电力监管委员会也如法炮制，自 2004 年 1 月 1 日起向监管对象收取监管费。《国家发展改革委、财政部关于电力监管费收费标准及有关问题的通知》（发改价格〔2005〕1851 号）中规定了国家电监会收取电力监管费的标准及有关问题：对纳入监管范围的电网企业和电网统调发电企业收取的电力监管费，由电网企业和电网统调发电企业各负担 50%。2004 年、2005 年两年电力监管费收费标准为：电网企业上年末售电收入的 0.15‰；电网统调发电企业上年末销售收入的 0.22‰。2006 年及以后各年度电力监管费收费标准，由国家电监会在当年第二季度初向国家发改委、财政部重新申报；应按规定到国家发展改革委办理收费许可证，使用财政部统一印制的《非税收入一般缴款书》。

---

① 人民网，http://www.people.com.cn/GB/jingji/1040/2795358.html。
② 《两部委减少保险监管收费》，http://finance.sina.com.cn。

四 公益性事业单位的营利性行为表现及法律分析

（一）传媒领域公益性事业单位的营利性行为表现及分析

我国的传媒业随着体制改革和市场经济的逐步深化，在发挥喉舌功能的同时，开始进行产业化、市场化经营的探索，逐渐改变了过去我们习惯于对传媒"以上层建筑这一定性标签一贴了事"的做法，我国新闻传媒业的产业属性逐渐显露。① 国内传媒业连续三年保持 25% 的增长速度，在过去计划经济体制下，我国新闻传媒属于事业单位，所需经费完全由国家财政拨款，没有竞争，也无须讲求经济效益。随着改革开放的深化与事业发展的需要，1978 年财政部批准人民日报社等新闻单位实行"事业单位，企业化管理"，1979 年 4 月，又发文重申并在全国新闻传媒中推广"事业单位，企业化管理"办法。1988 年后，有关规定允许新闻传媒开展多种经营。同时，国家对新闻传媒的投入也从最初的财政包干到逐年递减，最后发展到新闻传媒成为独立法人，经济上独立自主、自负盈亏、自我约束、自我发展。90 年代中期，传媒业进入"采编和经营两个轮子一起转"的发展新阶段。根据国家有关政策，传媒单位可以从经营收入中提取一定比例用于增加员工的收入和福利，并改善传媒自身的条件。由于经营的成败优劣同传媒的员工福利和单位利益直接相关，传媒投身市场的积极性大大增强，促进了传媒产业化的进程。

但是，我们在看到传媒经营能力不断提高的同时，也应该注意

---

① 例如，2004 年底，中央电视台对 2005 年黄金时段广告进行公开招标，最终实现成交额 52.48 亿元，大大超过了 2004 年的 44 亿元。参见《审计报告追根溯源，央视财务改制升温》，《新京报》2005 年 7 月 12 日。

到由此产生的诸多矛盾与弊端。这些矛盾的核心在于新闻传媒集公共性职能与商业性职能于一体，面临双重角色所引发的困扰。其缘由在于传媒管理体制落后于时代发展。一方面，传媒被要求牢牢把握正确导向，坚守宣传思想阵地，喉舌性质不能变。另一方面，国家逐渐减少对传媒的财政支持后，允许其创收。创收成为大多数新闻单位上上下下一致的追求，把传媒原有的政治优势转换为自身的经济优势。形成"事业单位，企业化管理"的二元结构管理体制。它的实质是政府在整体性的财政压力下不可能给所有传媒提供全部资金，又不想放弃传统的控制权力，因此就允许传媒利用所掌控的公共物品进行创收。但是在我国还不允许商业传媒设立的情况下，这种在事业单位体制下的传媒机构的营利性行为必然产生诸多负面效应：公益性目标职能的减损；相对的垄断造成的市场扭曲；国内的纯粹商业化传媒缺乏生存空间；寻租行为和暗箱操作行为泛滥。

　　笔者认为，这种矛盾和尴尬是我国新闻传媒在转轨时期必然会出现的。这种状况如果得不到改变，将直接影响到传媒双重功能的协调发挥，导致传媒的每一种角色的扮演都难以尽善尽美，从而制约我国传媒业整体竞争力的提升。对传媒进行分类管理是一个思路，即分为公益传媒和商业传媒，前者列为事业单位，后者可以列为商事法人。所谓对传媒进行分类管理，即把新闻传媒划分为两类：公共性传媒（或者叫公益型传媒）和营利性传媒（或者叫商业传媒）。公共性传媒，是指由国家财政支持，干部由国家任命，承担公共宣传喉舌功能的非竞争性传媒；营利性传媒，是指由社会资本投资，以广告收入为主要经费来源，不占用事业单位编制的市场竞争性传媒。目前，传媒的商业化经营已是不争的事实，但是，这方面的法律法规有待完善，如果对此类传媒进行类型化规制，将有助于规范商业化传媒的经营行为，并使其信息传递、社会服务、提供精神产品的产业功能更好地服务于社会。

我国实行新闻传播业分类管理的制度模式，有助于克服上述双重角色所带来的困扰，从而从法制基础上既确保执政党和国家的宣传效果，又可以名正言顺地给予其他非公共性或者营利性传媒发挥信息传递、社会服务等职能的产业经营合法空间，满足人民群众日益增长的物质文化需求，促进两个文明建设，推动社会的全面进步。

（二）教育领域公共服务类事业单位的营利性行为表现及分析

教育属于非营利的公共部门，教育提供的是公共产品。① 就教育而言，向公众提供教育产品是政府的义务和职能，受教育是公民的基本权利，因此教育一般被看作公共产品。尽管可以由私人举办和提供，但政府一般都有程度不同的资助，不完全是私人产品。国际上通行的惯例是：公立中小学校绝不能收费，公立大学低收费，但也要保障低收入家庭品学兼优的孩子上大学的机会。这是一个公正的社会所应具备的基本条件。比如在日本，"国立大学财政的基本部分由国家承担，国立大学直接担负国家所需要的教育和学术研究工作，因此，理所当然地应该按照国家教育政策及学术研究政策方面的要求为公共部门做出贡献"。② 美国是典型的资本主义国家，崇尚个人自由、私有财产保护和自由市场经济，保护合理的社会竞争等级。但同时，也下大力气解决教育机会均等和教育公平的问题。1979 年美国国会通过的《教育部机构法》中规定了联邦教育部 7 个

---

① 西方经济学把产品和劳务分为私人产品和公共产品，私人产品指居民户或厂商通过市场提供的产品和劳务，公共产品则是指由政府提供的必然为全体社会成员消费的产品和劳务。
② 国家教委情报研究室编《今日日本教育改革》，北京工业大学出版社，1988，第 241 页。

方面的主要任务，第一条就是"保证联邦政府关于人人得到平等教育机会的承诺得以实现"。美国联邦教育部每年掌握的经费仅为 300 亿美元，但就在这 300 亿美元中，有 36% 左右直接用于对低收入家庭学生的资助。美国有公立中小学 88223 多所，占全国中小学数的 76% 左右，承担了 89% 的学生容量，不仅免学杂费，也免教材费，甚至还为低收入家庭的孩子提供免费的早餐和午餐。① 上述分析旨在说明教育属于非经济、非营利的公共部门，它不具备或不完全具备市场化的基本条件，不能将经济领域市场配置资源的方式简单地、原封不动地移植到教育中来，实行教育市场化，完全由市场调节教育。

1993 年以后，随着中央大力扶持第三产业发展的政策出台，教育产业化的口号被提了出来。有人甚至认为，产业化是社会主义市场经济条件下教育体制改革的目标模式。② 在实行社会主义市场经济的大背景下，教育单位受到内部利益团体的利益驱动，进行了多种形式的营利性行为。从制度上分析，新旧两种体制在很长一段时间并存，形成了所谓的"双轨制"。如果说改革之初"双轨制"是一种迫不得已的选择，那么近年出现的逆向"双轨制"则在很大程度上是利益时代各种强势集团为固守和扩张既得利益，而借助其所拥有的行政特权人为安排的结果。这种双轨制往往是利益集团打着改革的旗号，阻止新的市场主体的生长发育，一味地寻求固化自己的既得利益的办法。近年来，中国经济体制改革中最令人不安的现象，是出现了区别于"旧双轨制"的"新双轨制"，它正悄悄滋生和繁

---

① 任思洋：《公立学校何以财源滚滚》，《中国改革》2004 年第 12 期。
② 余国源：《产业化——社会主义市场经济条件下教育体制改革的目标模式》，《西南师范大学学报》（哲学社会科学版）1995 年第 2 期。

衍。我们可以将"新双轨制"定义为：以公共权力为背景，自下而上地寻找和套取已经市场化了的商品和服务价格体系与远未市场化的资源要素价格体系这两大体系之间的巨额租金。① 在教育领域，典型的比如所谓"名校办民校"以及"独立学院"。

1994 年，教育行政部门就开始进行"民办公助"和"公办民助"的试验，小步推进部分公立学校进行所谓"转制探索"。一些民办教育家尖锐地指出：这是化公立学校教育资源为权力关系人私人教育资源的试验。② 可以看出，教育事业单位的营利性行为造就了一批利益团体，他们游说立法机关为他们创造优厚的政策空间。《民办教育促进法》第 6 条第 2 款规定"允许、鼓励公办学校参与举办民办学校"。这样，公立教育机构的商业化由浅层次的营利性行为向构建营利性合法主体深层次转变。而这样的制度安排，只能是扭曲了民办学校的应有之意，保护了公立学校的相对垄断，限制了私立学校的发展。

教育部颁布了《民办教育促进法实施细则》。笔者认为，实施细则的最大特点，是把民办教育这份本来是自由竞争的民间产业，变成权力垄断、部门主导的官办产业。其核心就是确保教育行政部门的民办教育的领导者地位，确保民办教育利润的垄断占有。于是形成"公办不择校，择校找民校，名校办民校"的"名校办民校"风潮。公办民校举办的私立学校增长迅猛，与此形成鲜明对比的是：真正的民办学校生存陷入困境。这在法理上是很难说过去的：公办学校一方面凭借其所谓公办名义，吸纳优质国有资源，占尽计划经

---

① 钟伟：《解读"新双轨制"》，《中国改革》2005 年第 1 期。
② 他们的理由也是一般公众对教育的理解：教育是一个特殊的行业，公立学校承担着公平的基本责任，别的经济领域可以采用股份制等形式来完成所有权改造，但教育行政部门一定不敢在公立教育资源上打私有化的主意。

济的便宜；另一方面又挟权力和资本的双重优势，轻松击败纯粹民间资本举办的真正的民办学校，占尽市场经济的便宜。这的确是典型的新双轨制的问题。这践踏了市场经济基本的公平理念，严重混淆了公法主体与私法主体的基本界限。公权力机关借助自己制定法律制度的权力，本来应该尽可能地推进新制度的成长以最终取代旧制度，但是这些制定规则的公权力机关却人为地固化甚至扩大体制差别，使得新旧两种体制均服务于自己的利益最大化目标。①

对于上述问题，已经有地方政府在采取措施。广东教育当局宣布：将对"名校办民校"采取严厉控制措施；公办学校进行办学体制改革一律不再以小区配套学校作为试验项目，教育审计部门将把这类民办学校纳入审计范围，加强对国有资产的增值管理。南京也叫停了"名校办民校"。② 笔者认为，这是对的，因其正确区分了公法人与私法人的本质区别。

依据国家教育部 2003 年 4 月 24 日印发的《关于规范并加强普通高校以新的机制和模式试办独立学院管理的若干意见》，独立学院是指我国公办普通本科院校与社会力量采用新机制和新模式联合举办的、以开展普通本科学历教育为主的、相对独立的二级学院。它既不同于普通高校的公办二级学院，也有别于典型意义上的民办高等学校，是我国高等教育领域内的一种新经济成分或新办学模式。

与普通高校采用公办机制和模式举办的二级学院或分校不同，独立学院通常应具备以下四个基本特性。第一，投资主体的社会性。

---

① 笔者认为，在这样的制度设计过程中，部门意志、部门利益在起作用，这些本来就属于公权力机关的行政部门严重忽略了他们本来就应当首先考虑的公共意志、公共利益。这样的冲动有点类似于商人的自我利益最大化冲动，而公权力主体泛商化的趋势是断然不能被肯定和鼓励的。

② 《名校办民校明年要叫停》，《北京青年报》2005 年 11 月 29 日。

独立学院是我国高等教育领域内投资主体多元化和混合所有制经营管理模式的一种教育载体或表现形式。它的投资主体不是国家和地方政府的财政性教育经费，而主要是各种社会力量，如企业、事业单位、社会团体或个人、非公有资本，以及其他有合作能力的社会机构等。独立学院的投资方（合作者）可以是一家投资单位，也可以是多家单位组成的联合投资体；既可以是政府的资金或政策扶持，也可以是公办普通高等学校所属的具有独立法人资格的企业、事业单位。第二，办学主体的多元性。在混合所有制经济模式下，由公办普通本科高校与各种社会力量联合举办，举办者是两个或两个以上的法人主体。公办高等院校与投资方（合作者）共同拥有独立学院的所有权、经营权和利益分配权。公办高校不仅要投入学校的教育品牌、成熟的教学管理经验等无形教育资产，而且还要投入相当大数量的高水平教师和教育管理人员，"要对独立学院的教学和管理负责，并保证办学质量"；合作者不仅要"负责提供独立学院办学所需的各项条件和设施"，而且还要"参与学院的管理、监督和领导"。这是独立学院与一般民办高校的本质区别。第三，民营机制。独立学院一律采用民营机制办学，在办学过程中不仅要遵循《中华人民共和国高等教育法》，而且还必须贯彻实施《民办教育促进法》，建立学院董事会，实行董事会领导下的院长负责制，维护学院独立法人地位，按照民营机制筹措学院建设与发展所需要的各项经费，独自实施学院资产和财务管理。第四，相对独立性。独立学院应与母体高校相分离，享有独立法人地位，能独立承担民事责任；还应具有独立的校园和基本办学设施，实施相对独立的教学组织和管理，独立进行招生，独立颁发学历证书，独立进行财务核算。因此，独立学院与母体学校之间不是简单的上下级关系，不是学校与其下属的一般二级学院的领导与被领导的关系，而是独立法人与独立法人之间的关系。从某种意义上说，是校方、合作方在独立学院这个独立平台上的同舟共济的平等合作关系。

从现行教育政策和实践角度分析，独立学院既不同于普通高校的公办二级学院，又不同于一般意义上的民办高校。根据投资渠道与合作方式的不同，我国现有独立学院大致可以分成以下几种基本类型或模式。第一，"公办高校＋民营企业"模式，即公办普通本科高校与民营企业合作创办的独立学院。目前，湖北等中西部地区的许多独立学院均采用这种办学模式，例如，华中科技大学武昌分校、文华学院，武汉大学东湖分校，中南财经政法大学武汉学院等。由公办高校负责教学和管理，民营企业负责投资建设。第二，"公办高校＋地方政府＋企业"模式，即公办普通本科高校加上政府的经费与政策扶持，再加上企业界参与的混合所有制模式。例如，浙江大学城市学院就是采用这种"官—产—学"的模式。既有浙江大学的优质品牌、教学和管理力量的投入，又有杭州市政府投入的 6000 万元启动资金和相关扶植政策，而且，主管市长亲自出任学院法人代表，还有浙江电信实业集团公司的投入。第三，"公办高校＋异地政府"模式，即公办高校在非学校所在地与异地政府合办的独立学院或分校。例如，北京师范大学珠海分校所采用的办学模式。尽管有人认为该分校不应属于"独立学院"范畴，但从它的办学资本来源、合作办学性质、民办机制和独立性上分析，其仍具有独立学院的基本特性，应当看作独立学院的一种非典型案例。该校的 5000 亩校园用地由珠海市政府行政划拨，分校建设所用的 8.5 亿元资金是当地政府用等值的土地评估作价，作为资本金无偿投入，并据此由分校向银行贷款取得的。这显然不属于政府财政性教育经费范围。尽管珠海市政府不参与分校管理，甚至不要求投资回报，而且还发给该分校教学与管理人员每人每年1.2万元的特区财政补贴，但从政府只投入建设资金，分校"参照民办高校收费"自筹运行经费，以及具有相对独立性等方面分析，该分校仍具有"准独立学院"的基本属性。2004年，按全国独立学院在校学生110万人计算，平均学费每生每年15000元考虑，全国独立学院在校学生年交纳学费165亿元左右。

由以上分析可知，独立学院完全是以公立普通高等学校的优质教育资源为筹码，吸收社会资金举办的营利性很强的教育机构。由于基本上是坐地收金，所以想与高校合作的资本非常多，而高校往往采取办法自己掌握最大的控制权。笔者对这种所谓独立学院的做法持否定态度。其混淆了公益主体与商事主体的界限，迷失了公益性的目标，追逐经济利益最大化，使得普通高等学校变为营利性机构，受到最大损害的是社会公众的教育权利和经济利益，建议明确废除。

我们发现，不少知名高校对创收的热情有增无减。根据公开资料计算，北京大学光华管理学院仅2005年EMBA和MBA的学费收入就有大约1亿元。北大中国经济研究中心囊括了从双学士、硕士、金融硕士到国际MBA乃至博士的完整学位教育系列。不仅获得了管理学院或商学院才有的MBA项目开办资格，它的收费近2万元的双学士项目甚至可以推广到全国各地高校。清华大学经济管理学院与北京大学光华管理学院类似。另外，各高校还大力举办非学历教育，就是只发结业证书但不发毕业证书的教育项目，是继续教育的一种，俗称"培训班"。以北大经济学院为例，它的培训班可谓琳琅满目：房地产高级经理人研究生课程班、"金融理财专业"高级研修班、现代经理人高级工商管理班、金融学专业在职攻读硕士研究生班、

CFO（财务总监）班以及中国企业家特训班等，不一而足。[①] 甚至有一段时间，享有考研专业课命题权的各学校纷纷举办考研专业课辅导班，一手出题，一手赚钱，后来这种行为被教育部明令禁止。[②] 公共教育关系到一个国家、一个民族的兴旺发达和可持续发展，笔者的看法是我国的教育领域应当在明确公共教育范围的基础上[③]，强化公共教育理念，规范公立学校行为模式，使公共教育主体发挥积极作用。

（三）出版领域公益性事业单位的营利性行为表现及分析

各出版社传统上为典型的事业单位法人。我国的出版社绝大部分属于事业单位性质，强调图书的特殊性和行业的特殊性。出版社作为事业单位，它的建立是受严格控制的，出版权是由政府授予的。中国出版社从它成立之日起就受到国家政策的保护，不仅业外无法介入，就是业内分工也十分清楚。不同的出版社由不同的部门掌管。但是现在依照《出版管理条例》的规定，均须向工商行政管理部门领取企业法人营业执照，这样就造成了"双重法人"的情况。这类事业单位。但由于越来越具有营利性的特点，笔者认为将其视为企

---

① 饮冰：《经济学教育诸侯的生财之道》，《经济学家茶座》2005 年第 1 期。

② 部分拥有博士点的学校的外语系也利用命题信息的优势大办考前辅导班，虽然老师讲课质量与一些市场化运作的培训机构相比逊色许多，但是仍有考生趋之若鹜。关于命题老师办班热这个话题，请参见景朝阳、关添天《也说命题老师办班热》，《改革内参》2005 年第 10 期。

③ 公共教育的范围是一个值得思考的话题。我国目前实行九年义务教育，显然九年义务教育属于公共教育范围。那么其他层次的学历教育呢？笔者认为，简单地把九年义务教育以外的高中教育、大学教育、硕士研究生教育、博士研究生教育说成一种纯私人物品并应该由私人付费（这种费用有上升趋势）的观点有些牵强。从不同层次毕业生的毕业设计和学位论文的内容看出，绝大部分毕业生（特别是博士研究生、硕士研究生）的毕业设计和学位论文的内容都关系到不特定社会公众或者国家、政府、民族的公共利益，那么，国家将其纳入公共教育范围予以鼓励和扶持，应该在情理之中。其他国家的做法也佐证了这一点。

业法人似乎更为合理。

长期以来，基于对出版业所生产产品特殊属性的认识，我国出版业实行高度垄断的计划管理体制，出版单位的成立要经过新闻出版行政管理部门的严格审查和特许，已经成立的出版社出版的每一个出版物在事前都要按计划审批数量，其典型表现就是书号的控制和发放。

这些经过审批成立的出版事业单位，除非因犯了政治错误或者严重违规违纪被撤销之外，基本没有因为经济困难、经营不善而破产倒闭的。许多出版社在政策的保护下，惰性和依赖心理日趋严重。有的无视出版业发展的规律，只是一味地想如何才能赚钱，做出一些有损形象的事情，如买卖书号屡禁不止，伪书出版时有发生。出版业作为计划经济体制的既得利益者，以"搞市场经济"的名义坐收作者的版号费，而出卖的却是国家授权的独特资源——版号和刊号。不少出版社即使是出版一本毫无价值、无法销售的书也不担心利润问题，原因在于印刷和销售由作者承担，而出版社只要收版号费就可以营利了。

市场进入过分严格的控制，导致近十年来出版社的数量几乎原地踏步，没有大的增长。从 1994 年到 2004 年，全国出版社的数量一直在 570 家左右。[①] 由此可见，在目前我国出版市场没有完全放开的情况下，出版社依赖其事业单位的独特优势，事实上在从事着市场化很高的营利性行为。我们并非批评营利性行为本身，关键是现在的出版社全是国家为了公益目标设立的事业单位，而且国家尚未对非国有的其他资本放开出版领域的市场化的准入，这样的条件下

---

① 王关义：《出版社企业化将无法回避》，《中国改革》2005 年第 8 期。

的营利性行为缺乏足够的市场竞争，带有相对垄断暴利的色彩。这说明，随着社会经济发展带动的多元化需求，出版领域局部市场化是现实而可能的。据悉，国务院已经授权中国出版集团总公司资产经营；其他大的专业出版传媒集团公司也在酝酿筹备中；而剩下一部分小规模的出版社也可以按照"抓大放小"的方针，采取拍卖、转让、兼并、重组等形式进行经营。有的出版社已经参股上市公司，例如中国大百科全书出版社参股"福建南纸"，江西三家出版单位作为战略投资者参与晨鸣纸业新股配售等。①

（四）卫生领域公益性事业单位的营利性行为表现及分析

卫生事业性质特殊，关系到亿万人民的健康幸福，涉及卫生生产和服务、社会医疗保健等诸多方面卫生事业单位的体制改革也是我国事业管理体制改革的一个重要领域。卫生事业单位法人是中国事业单位体系的重要组成部分，其事业经费支出也是我国财政支出中一项较大的事业费支出。随着社会主义市场经济的发展，中国的公立卫生事业也受到商业化的影响，出现了比较大的变化。医院公益性质淡化，有片面追求经济利益的倾向。由于政府投入不足，不少公立医院运行主要靠向患者收费，出现过分依赖医疗市场的导向。与医院服务相关的药品和医用器材生产流通秩序混乱，价格虚高；一些企业违规操作，虚报成本造成政府定价虚高；生产销售等流通环节多，层层加价，一些不法药商通过给医生回扣、提成等，增加药品和医用器材的销售量，现行医院的药品收入加成机制，也诱导医院买卖贵重药品，

---

① 《出版业：中外资本争抢最后一块牛排》，《中华工商时报》2002 年 4 月 8 日。

医生开大处方、过度检查和治疗。① 笔者认为，突出的变化是医疗需求的多元化导致医疗举办主体的多元化和民营化，另外就是医疗单位普遍的逐利化倾向和商行为的泛化和失范问题。

解决卫生行业商业化过度的问题在于明确公立医院和营利性医院的不同类别，在此基础上予以规范。公立医院承担公共卫生的职责，享有政策扶持和税收优惠，但是不能从事营利性活动；营利性医院提供不同于公立医院的医疗卫生服务，满足不同群体的医疗需求，可以根据市场需要，自主进行市场行为。当然，由于医疗行业的特殊性，国家应该予以必要的监管，防止医院唯利是图。②

按照这样的逻辑的医疗行业分类改革我国已经开始实施。2000年2月16日国务院体改办、国家计委、国家经贸委、财政部、劳动保障部、卫生部、药品监管局和中医药局联合下发的《关于城镇医药卫生管理体制的指导意见》明确指出：要打破医疗机构的行政隶属关系和所有制限制，建立新的医疗机构分类管理制度，将医疗机构分为非营利性和营利性两类进行管理（现在我国已经开始对医院实行分类管理，即分为营利性医院和非营利性医院）。在南京1431家医院中，已经有250多家营利性医院。这些医院的出现，直接推动了医疗服务业的竞争（这些竞争表现在价格、人才、技术等方面）。实践证明，医疗服务业的分类管理模式是可行的，是有利于提

---

① 《中国卫生部副部长黄洁夫在 2006 年 5 月举行的全国医院管理年工作会议上的发言》，http://news.sohu.com/20060511/n243199749.shtml。

② 国务院发展研究中心发表的一份研究报告称中国的医疗卫生体制改革是失败的，这主要是批评公立医院的过度市场化所导致的不特定的社会公众所享受到的医疗服务质量近年明显下降，却伴随着医疗成本的过快增长。笔者认为，医疗行业作为服务业的一种，当然可以市场化，由多元的主体提供不同的医疗服务，才可以产生竞争。现在的问题可能还在于市场化程度不高。同时，搞好医疗服务业的公共卫生属于国家的义务，根据宪法国家应该保障公民的基本公共医疗服务权利，属于公共医疗领域的部分则应该远离市场化干扰。

高社会效益和经济效益的，对医疗服务业的分类管理模式也是其他国家和地区的通行做法。例如我国台湾地区 20 世纪 80 年代 90% 为公立医院，之后他们实行了分类管理制，到目前，65% ~ 70% 的医院为民营医院。美国医疗行业同样是实行分类管理模式，其营利性医院占到了 60% ~ 65%。①

（五）公益性事业单位的营利性行为需要法律规范

社会公益类事业单位是我国公共事业组织的主体，也是事业单位体制改革的重点，主要包括科技、教育、文化、卫生等领域的公共服务机构。这部分机构由国家或者地方政府根据社会需要，按照法定程序设立，所需经费一般由财政预算负责，向不特定的社会公众提供特定的社会服务职能。世界银行称之为公共服务部门。公益性事业单位是事业单位的主体，但是改革开放以后，公益性的事业单位引入了以"创收"为主旋律的改革举措，事业单位的员工福利、工资与创收直接或者间接相关，引发了事业单位进行创收营利的极大冲动，"教育产业化""文化产业化""健康产业"等提法纷纷涌现。其中一个很大的问题是某些公共事业领域的改革存在市场化"过度"问题。突出的表现是，对"企业化"转制或企业化管理的事业单位的选择，很多并非真正根据相关机构的实际职能是否具有公益性而定，而是更多地依据机构自身在市场上的生存能力。这是一个误区，因为实际上事业单位承担的是商事主体无法承担的公共服务职能，事业单位最应该关注的是这种公共服务职能的充分发挥，而非赚取利润的能力和福利最大化。

---

① 笔者根据参加的台湾医学博士林高坤 2002 年 4 月 5 日下午在清华创投有限公司所做的学术报告整理。

回溯一下公益性事业单位营利性行为的制度根源，可以发现其首先来自国家的推动。1980 年 1 月 24 日，中共中央、国务院发出《关于节约非生产性开支，反对浪费的通知》，其中明确规定：从 1980 年起，国家对文教、卫生、科学、体育等事业单位和行政单位试行"预算包干"办法，节余留用，增收归己，以调动努力增收节支、提高资金使用效果的积极性；一切有条件组织收入的事业单位，都要积极挖掘潜力，从扩大服务项目中，合理地组织收入，以解决经费不足的问题，促进事业单位的发展。应用科研单位和设计单位要积极创造条件，改为企业经营①，不仅不用国家的钱，还要力争上缴利润。

鼓励事业单位创收，减少财政拨款就这样成了当时事业单位改革的主流。1985 年国务院发布《事业单位奖金税暂行规定》，第 1 条规定"为了鼓励事业单位向经济独立、经费自给过渡，使事业单位有计划地逐步提高职工的收入水平……"这一系列举措的结果是各种事业单位几乎使出浑身解数为本单位、本部门创收。结果确实有了一定的经济收益，并出现了一些企业化管理的事业单位，与企业一样，独立核算、自负盈亏。② 1992 年《中共中央、国务院关于加快发展第三产业的决定》（中发〔1992〕5 号文件）进一步提出对事业单位的政策是"现有的大部分福利型、公益型和事业型第三产业单位要逐步向经营型转变，实行企业化管理"。以政府文件的形式

---

① 笔者认为作为公共服务机构的事业单位变为企业经营，实际上是赋予事业单位创收营利的合法性。

② 《事业单位工资制度改革后财务管理的若干规定》（1985 年 10 月 12 日财政部发布）第 2 条指出："事业单位已经实行企业化管理，又能够经济自立的，财政部门不再拨给事业经费，应执行国家对企业的有关规定，独立核算，自负盈亏。"另参见《事业单位奖金税暂行规定》第 2 条。

确认了事业单位企业化经营的行为。①

我们注意到，公益性的事业单位普遍从事商业化的行为，而且没有相应的法律制度予以约束。改革开放以来，中国特色的事业单位开始从事以创收为主旋律的商业化实践活动。事业单位的商业化一般利用国家赋予的独特资源（比如高等教育资源、媒体信息资源、文化资源等等）进行以营利为目的的市场行为。笔者认为，在事业单位改革过程中，应该认真检讨事业单位的商业化问题。

由于我国目前对一些特定的行业还实行管制政策，限制或者禁止国内民间资本和国外资本的进入，而这些领域内由于大环境的影响，现实存在的企业化的事业单位利用这种政策管制给自己带来的不充分竞争形成的相对垄断优势，进行成本低收益高的营利性行为。

改革开放以后，国家为了缓解日益沉重的财政压力，改革了事

---

① 为了说明问题，摘引《中共中央国务院关于加快发展第三产业的决定》部分内容如下："加快发展第三产业的重点是：一、投资少、收效快、效益好、就业容量大、与经济发展和人民生活关系密切的行业，主要是商业、物资业、对外贸易业、金融业、保险业、旅游业、房地产业、仓储业、居民服务业、饮食业和文化卫生事业等。二、与科技进步相关的新兴行业，主要是咨询业（包括科技、法律、会计、审计等咨询业）、信息业和各类技术服务业等。三、农村的第三产业，主要是为农业产前、产中、产后服务的行业，为提高农民素质和生活质量服务的行业。四、对国民经济发展具有全局性、先导性影响的基础行业，主要是交通运输业、邮电通讯业、科学研究事业、教育事业和公用事业等。""充分调动各方面的积极性，国家、集体、个人一起上。要放手让城乡集体经济组织和私营企业、个人兴办那些投资少、见效快、劳动密集、直接为生产和生活服务的行业。对国民经济发展具有全局性、先导性影响的基础行业主要由国家办，但也要引入竞争机制，在统一规划、统一管理下，动员地方、部门和集体经济力量兴办。加快发展第三产业，主要应依靠社会各方面力量，坚持谁投资、谁所有、谁受益的原则，不能过多依赖国家投资。""以产业化为方向，建立充满活力的第三产业自我发展机制。大多数第三产业机构应办成经济实体或实行企业化经营，做到自主经营、自负盈亏。现有的大部分福利型、公益型和事业型第三产业单位要逐步向经营型转变，实行企业化管理。""以社会化为方向，积极推动有条件的机关和企事业单位在不影响保密和安全的前提下，将现有的信息、咨询机构、内部服务设施和交通运输工具向社会开放，开展有偿服务，并创造条件使其与原单位脱钩，自主经营，独立核算。同时，鼓励社会服务组织承揽机关和企事业单位的后勤服务、退休人员管理和其他事务性工作。打破'大而全''小而全'的封闭式自我服务体系，使上述工作逐步实现社会化。"

业单位经费来源的渠道，将事业单位划分为财政全额拨款单位、财政差额拨款单位和自收自支单位三类，实行区别管理。但是事业单位在提供公共服务时所出现的资源浪费、效率低下、服务质量差、管理混乱、经费严重短缺等问题却难以得到有效改变，进而导致一些事业单位职能混乱，或者是政事不分，或者是事企不分，违反公平竞争的市场规则，这种状况已经成为制约经济和社会进一步发展的"瓶颈"。①

在特定的历史条件下，国家大规模鼓励本来以公益事业为固有职能的事业单位去创收赚钱，给社会公益事业带来不少负面影响：公权力和公益性的公共资源被商业化利用、有些行业的事业单位利用转型时期的某种垄断资源赚取超额利润、事业单位营利行为缺乏相应的法律调整等。② 改革开放初期几乎是意识形态化的"一个中心"（以经济建设为中心）口号，加上革命时期积累的军队、机关大搞生产自救的经验，使得改革初期一些行政机关、事业单位争先恐后地进行营利性活动，大范围实行收支一条线的预算外资金管理几乎无人质疑。而从法治的角度来看，财政预算的收支两条线是一项不二的基本原则。我们固然克服了一定程度的暂时财政困难，但是累积了社会不公的矛盾和深层次的体制弊端。③

由于社会公益类事业明显具有外部性，比如公共卫生、基础研究等，因为可以"搭便车"，是营利性市场主体不愿干的；有些社会

---

① 张勤：《事业单位改革的方向与对策分析》，《中国行政管理》2003 年第 10 期。
② 所以，笔者强调我国应该树立商行为观念，按照商行为进行相应的法律规制。
③ 我们的确有必要反思这些改革初期的做法，尽可能（而不是逐渐）地去规范包括事业单位在内的公共机构的行为模式。

事业虽然从理论上不具有外部性，营利性市场主体或私人机构可以干，但如果完全让私人干，就会出现服务目标偏离、机构布局扭曲等一系列问题。社会事业以及公众的基本权利就会受到严重影响。[①] 比如在基础教育、基本医疗等方面，如果都交给私人部门去干，就会出现普通百姓看不起病、孩子上不起学等问题。作为事业单位法人最重要的部分，首先是要保证其公共服务职能的发挥，而断然不是自我营利目标的最大化。有学者指出：不能因为国家财力有限将不具有生产经营性质、不以营利为目的的公益事业单位改为企业，或在产业化的口号下将公益事业服务商业化、市场化，要坚持公共财政的原则和国家举办公益事业的基本宗旨，在事业单位合理分类的基础上，严格区分事业和产业，支持和保障公益事业的发展，始终把社会效益放在首位，保证政府为公民提供公平的基本公益服务。[②] 应当严格防止"事业"成为"产业"，公益性成为营利性。[③]

那么，这类公益性事业单位法人可否从事营利性行为呢？我们认为，公益性事业单位可以在三种情况下从事营利性行为。

第一，所从事营利性行为必须服务于其特定的社会公共服务职能，如公立教育机构的预算外收入应该还是用于教育目的，不能用作他途。

第二，所获取的收益不可以在事业单位内部进行分配，事业单位各部门通过营利性活动获得的收益，不能自己分配给职员作为福

---

① 葛延风：《解析事业单位改革出路》，http://news.sina.com.cn/c/2004-11-10/14444874432.shtml.

② 张勤：《事业单位改革的方向与对策分析》，《中国行政管理》2003年第10期。

③ 黄恒学：《论现代事业制度及其主要特征》，《北京大学学报》（哲学社会科学版）1998年第5期。

利，奖金、福利等不能从营利性收益中支出。

第三，在财务处理上，应该坚持收支两条线的原则。否则必然突破公益机构"不分配限制"原则约束，导致主体角色混乱和行为失范。

第四章　事业单位法律地位：兼论未来民法典法人分类模式

一　法人分类概述

（一）法人分类的意义

所谓法人分类，即立法对不同法人形态的组织结构和行为规则进行系统化抽象，故各国在构建法人制度的过程中，始终将有关法人分类的理论和原则作为重点研讨对象。"法人组织的种类是多样的，对于法人做出分类，并指出各类法人的特点，在法律的适用和学术研究等方面都是有意义的。"[①] 对法人按照一定的标准进行分类，有助于我们了解法人的性质、目的以及其能力的不同。[②] "有关法人的基本法即民法"[③]，而法人无疑是需要民法重点调整的一种现代社

---

①　王利明、郭明瑞、方流芳：《民法新论》，中国政法大学出版社，1986，第232~237页。

②　王利明主编《民法学》，复旦大学出版社，2004，第57页。

③　〔日〕冈室美惠子：《日本民间非营利部门的现状及其对中国的启示》，《NGO在中国——2002年民间组织发展与管理上海国际研讨会论文集》，上海社会科学院出版社，2003，第221页。

会组织形式。对法人进行类型化法律规制，是世界各国的一般做法，然而各国民法对于法人类型化规制的方法和标准并不完全一致，这样就出现了各国民法对于法人分类的不同制度设计。法人分类在民法学上之所以重要，是因为完善与科学的法人分类制度可以对社会经济的良性发展起到积极的作用，而欠完善欠科学的法人分类制度则在很大程度上制约社会经济的发展。

（二）中国《民法通则》确立的法人分类模式及其存在的问题

根据 1986 年《中华人民共和国民法通则》的规定，法人是具有民事权利能力和民事行为能力，依法独立享有民事权利和承担民事义务的组织。《民法通则》第三章将我国法人分为企业法人和非企业法人。第二节规定了"企业法人"，第三节规定了三种非企业法人类型：机关、事业单位和社会团体法人。实际上就是法人类型二分法：企业法人和非企业法人。企业法人是从事商品生产经营活动，以获取利润、创造社会财富、扩大社会积累为目的法人，包括从事工业、农业、建筑业、运输业、商业、服务业的经济组织。相当于传统民法理论中的营利性社团法人。根据《民法通则》第 50 条的规定，非企业法人分为以下几类：机关法人、事业单位法人和社会团体法人。机关法人是指"依法享有行政权力，并因行使职权的需要而享有相应的民事权利能力和民事行为能力的国家机关"。[①] 事业单位法人，在计划经济条件下，是社会公共事业的主要组织载体。社会团体法人，根据 1998 年 10 月 25 日国务院颁布的《社会团体登记管理条例》第 2 条的规定："社会团体是指中国公民自愿组成，为实现会员

---

① 魏振瀛主编《民法》，北京大学出版社、高等教育出版社，2000，第 75 页。

共同意愿，按照其章程开展活动的非营利性社会组织。""我国的
《民法通则》将法人分为企业法人和非企业法人，类似于营利法人和
非营利法人。企业法人实际上就是营利法人，但非企业法人不能完
全等同于非营利法人。"① 主流的学说认为，采用企业法人与非企业
法人的划分标准比较符合中国国情和现代社会的发展趋势。企业法
人的概念包容性很强，它不仅可以包容公司法人，也可以包容一些
尚未依照公司法改制的国有企业以及股份合作制企业法人等多种类
型。从市场经济发展的需要来看，企业法人的组织形式是不断发展
的，当一种新的企业法人组织产生之后，公司法等特别法对其难以
调整，此时便可以适用民法典总则中关于企业法人的规定。②

中国的法人分类制度尽管是民事主体制度的一个重要方面，但
是《民法通则》法人的分类与各国通行的模式存在明显差异。理论
界对法人分类的研究还不是很深入，"客观地说，我国的民法学界对
法人的分类制度研究的广度和深度均不够"。③

1986 年《民法通则》确立的法人分类模式在实践中发生了许多
变化，有必要进行反思和重新讨论。全国人大常委会法制工作委员
会主任顾昂然指出，民事主体方面的法人分类存在一些问题，《民法
通则》将法人分为企业法人、机关法人、事业单位法人和社会团体
法人。"现在社会中介组织越来越多，民办及合资办学的学校、医院
等日益增加，这些单位很难归入民法通则划分的上述四类法人中。"
为此，他指出，有关民事主体以及法人分类的问题，如何规定为好，

---

① 王利明主编《中国民法典草案建议稿及说明》，中国法制出版社，2004，第 295 页。
② 王利明主编《中国民法典草案建议稿及说明》，中国法制出版社，2004，第 295 页。
③ 熊进光、杨小军：《对我国民法典制定若干问题的思考》，《行政与法》2004 年第 10 期。

需要进一步研究。① 出台于 1986 年的《民法通则》规定了现行的中国法人分类模式框架。依照《民法通则》的规定，法人分为企业法人、机关法人、事业单位法人和社会团体法人四类。企业法人中又以所有制性质和企业组织形式为标准进行了二次划分。关于我国法人四分法的理论基础，学术界并未达成共识。王利明教授认为现行的法人分类模式不科学②，经过改革开放 30 多年，中国的社会经济条件发生了很大的变化，《民法通则》的法人分类模式已经落后于时代了，有些方面已经与社会主义市场经济的基本理念南辕北辙。

首先，没有明确公、私法人的分类。作为市民社会的基本法，民法的首要功能是明晰社会政治生活与世俗生活的界域，推动国家政治架构的健康、稳定发展，促进市民社会的和谐与进步。这一功能是贯穿民法始终的，而又以民事主体制度的作用最为突出。法人制度只有通过清晰的公、私法人分类，严格设定民事生活领域的准入规则，才能完成对公法人进入私法领域的限制，实现对私法人实施自主行为的保障。③ 由于缺少公、私法人的严格划分，民法无法实现描绘市民社会界域、制约公权力对私权利不当侵夺的社会功能。公法人与私法人承担的社会责任是不同的，它们享有权利的类型是不同的，法律给予保护的方式也是不同的。

其次，《民法通则》未采用社团法人和财团法人的概念，法人制度功能的充分发挥存在制度瓶颈。基金会等财团法人形态被归入社会团体法人，带来了理论上的混乱。社会团体法人与大陆法系传统的社团法人在内涵和外延上也并不一致。有学者认为在很大程度上

---

① http://www.legalinfo.gov.cn/gb/special/2002 – 12/26/content_8307.htm.
② 王利明主编《民法学》，复旦大学出版社，2004，第 57 页。
③ 马俊驹：《法人制度的基本理论和立法问题之探讨（上）》，《法学评论》2004 年第 4 期。

受到苏联民法的影响，在苏联法中，立法中法人制度不承认社团法人、财团法人这一科学的划分。其名义上使用的法人，不是按照立法技术来划分，而是按照"所有制"身份划分。这种不坚持科学的做法，客观上给我国民法制度造成损害。"由于意识形态没有改变，有缺陷理论反而成为经典理论，我国各种法人规范至今难以全面建立，司法实践混乱的局面至今无法处理。这种情况在现在的民法典方案中也没有得到解决。"①

按照大陆法系学者的认识，财团法人只是财产的组合，虽然它没有组织成员，但同样可以成为主体，可以享有权利，可以独立对外承担责任，这是财产性人格的重要体现。可见，一项财产在符合创设人设立目的和经济秩序之下，是可以成为法人的，这是由商品经济的规律和逻辑决定的。财团法人是按照财产捐赠人的意愿设立的，所以财团法人制度附载着个人意志自由的价值取向，是法律尊重个人权利和人本意识的重要体现。如果能将这项制度引入我国民法典，将为解决一些现实的社会问题提供一种新的制度工具。

再次，我国现有的法人分类方法存在逻辑缺陷。这种基于经济功利考虑的分类方式，忽视了法人自身发展规律在法人类型化过程中的意义。四种法人类型不但没有分类的法律技术基准，而且各类型之间不具备应有的逻辑联系。由于每种分类内部的具体类型之间往往不具有共性，法律无法完成对亚分类层面具体类型共同特征的再次抽象，而使分类本身丧失了意义。比如《民法通则》中的事业单位法人包含的类型就过宽，其中既有国家拨款成立的兼有部分行政职能的准公法人，又有依国家行政命令组建的公益法人，还有基

---

① 马俊驹：《法人制度的基本理论和立法问题之探讨（上）》，《法学评论》2004 年第 4 期。

于自然人、法人自愿组建并办理登记的法人等。由于在这些具体的法人类型之间不具有再抽象的基础，所以法律又要分别对其设立、组织机构、责任承担等事项做出规定。这既浪费了有限的立法资源，又造成了体系上的混乱。如，基金会法人本来是传统的财团法人，却被我国列为社会团体法人。[①] 所以，《民法通则》所确立的法人分类模式固然在一定历史时期起到了积极作用，但是在社会主义市场经济的背景下，确实到了重构的时候了。

二　罗马法上的法人分类

（一）罗马法有清晰的公法人与私法人的分类

法人制度起源于古罗马法，可以说，罗马法已经有了比较完善的法人分类，奠定了大陆法系法人分类的雏形。早在共和国时期，就开始承认公法人的存在，以后又承认作为私法人的团体和组织享有与其成员相分离的独立财产和独立人格，至公元 3 世纪，罗马法又承认了教会、寺院、慈善机构的财团法人人格，因此罗马法是有公法人与私法人的划分的。在公法人类型方面，"国家"或"罗马人民"（populus rimanus），因其政治机构的特点，自古就被承认为权利主体。"由于同样的原因，自治城和城市委员会（即市政委员会委员们〔decurioni〕）、自由城邦、市镇和乡村（fora, conciliabula, castella, vici），还有帝国后期的行省，都拥有权利能力。"[②] 在私法

---

① 马俊驹、曹治国：《守成与创新——对制定我国民法典的几点看法》，中国民商法律网，http://www.civillaw.com.cn/weizhang/default.asp? id = 15458。

② 〔意〕彼得罗·彭梵德：《罗马法教科书》，黄风译，中国政法大学出版社，2005，第50 页。

人类型方面，罗马法有社团法人和财团法人两种类型。这是大陆法系一种重要的法人分类。公法人是指以公共利益为目的，即以提高政府效能、满足公正协议和改善公共福利为目的而设立的法人。如国家、行政区域单位、国家机关以及一些国家的国有企业等。私法人是指以私人利益为目的，即以成员的财产利益或其他利益为目的而设立的法人。区别的标准在于法人设立的目的。① 实际上，关于公法人和私法人有许多不同的学说和主张，这仅仅是对公法人和私法人概念的一般解释，是较多人所持的一种看法。

（二）罗马法有健全的社团法人与财团法人分类

罗马法有健全的社团法人制度，而且据周枏教授看是"最古老和最自然的一项（法人）制度"，是由数人组织的"社团"（associazione），为了形成一个真正的团体，即具有法律人格的团体，必须有数个为同一合法目标而联合并意图建立单一主体的人。这种社团有自己的宗旨，而且其总体被承认为权利义务的主体，而不依单个人及其更替变化为转移。这样的主体用一般被称为"团体"（corporazione），由于它是结伙成员的集合体，因而人们可以说它是一个真正的现实存在体；罗马人把它等同于人，赋予它以人的资格；至于权利能力，则只是逐渐被承认的。我们发现，对于罗马法来说，甚至不需要国家对该团体予以明确承认。人们所说的获准，指的是目的（causae）应当是合法的。② 私人的志愿性团体，有些很早就出现了，它们有：技艺和行业团体，国家领薪职员（如公仆〔apparitores〕、

---

① 江平：《法人制度论》，中国政法大学出版社，1994，第41页。
② 相比而言，今天中国对于社团的准入管制和实行全面的登记制度可能有放松法律管制的空间。

信使〔viatores〕、文书〔scribas〕等）的团体，各种商业社团（但不一定都组织成社团形式，一般由富有的骑士阶层为开矿、采盐、承担公共捐税而组建，如金矿社、银矿社、采盐社、包税社等〔societates aurifodinarum, argentifodinarum, salinarum, publicanorum〕）①，主要为保障丧葬的进行而设立的"殡仪会"（collegia funeraticia）（最初的基督教徒就曾采用这种形式）。在古希腊时代，非基督教的自由团体消失了，而且没落帝国把职业团体从自发转变为强制，并带有世袭关系，出现了新的宗教团体、教会和修道院。相比之下，财团法人制度则不那么自然而且是后来形成的，有学者认为它不属于罗马法制度，这就是"基金会"（fondazione）②。它不表现为权利主体，而只是一笔财产的使用所追求的目标，国家行使对它的保护权，以保证该财产不脱离为它确定的目标。人所固有的人格化本能使人们把这一目标视为权利主体，比如说财产的主人是医院、养育院等。

三　法人分类模式比较法考察

（一）德国民法的法人分类模式

《德国民法典》将法人在性质上区分为公、私法人两部分，然后将私法人划分为社团与财团，继而又将社团法人分为营利法人和公

---

① 笔者认为，这些应该算作营利性社团，按照现代法学的一般观点，具有公司制和合伙制的雏形。

② 基金会纯属基督教的产物，是对"仁慈"的一种全新观念的表达，在它的起源之初，只以慈善和怜悯为目的。它们表现为养育院、医院、孤儿院、教会和宗教活动的遗赠。由此得名为"慈善团体"（piae causae）。为了成立基金会，本来只需要一笔由创建人指定用于某一目的的财产，然而，在罗马基督教法中，基金会仍未完全同接受遗赠的团体（教会）相分离，只是通过适当的规章确保财产用于创建人所确定的目的。现今基金会的纯正制度——为某一目的而设立的财产——在当时尚未出现。

益法人，这种划分方式为大多数国家所接受。《德国民法典》规定法人的实体基础是社团和财团两类组织体，依法划分为三小类即社团、基金会、公法法人，社团分为非经营性社团、经营性社团和外国社团。① 就私法人而言，社团法人和财团法人的划分是大陆法系国家民法典最具特色和应用价值的分类方式。自《德国民法典》正式区分社团法人与财团法人之后，此种法人分类方法很快被大多数国家的立法所借鉴和吸收，进而成为大陆法系关于法人的最重要的区分类别。社团法人与财团法人设立的基础不同：前者以自然人为基础，后者以特定财产为基础。二者制度上的重大差别有以下几点。①设立方式之差异。社团设立须由数名设立人共同完成订立社团章程的法律行为；财团设立须由设立人完成财产的捐助和订立捐助章程的行为。②内部治理关系之差异。社团成立后，设立人和依据社团章程的参加者，即成为社团成员，享有社团成员的各项权利，直接决定或影响着社团的发展或变动；财团成立后，因设立人的意思已经体现在财团章程中，设立人在法律上已与财团相分离，而具体事务由其聘任的执行者或管理者实施，只有在财团遇有重大变动或解散时，才须由法定机关进行处理。③组织结构之差异。社团由成员组成，其成员大会（社员大会）为权力机关，并设执行机关，有的社团还设监察机关；财团的活动由设立人决定，所以只设执行机关。

（二）瑞士民法的法人分类模式

首先，有公法人和私法人的分类理念："规定团体组织以及有特殊目的的独立机构，在商事登记簿上登记后，即取得法人资格。公

---

① 龙卫球：《民商法纵论》，中国法制出版社，2000，第129页。

法上的团体及机构，非经济目的的社团、宗教财团、家庭财团不需经上述登记。"其中，"公法上的团体及机构"自然属于公法人，《瑞士民法典》第59条对此也有反映。①

其次，私法人又分为社团法人和财团法人。瑞士的社团法人其实专指非营利的社团法人，营利的社团法人也就是公司法人，适用公司法的专门规定，这可以从《瑞士民法典》第60条看出来："以政治、宗教、学术、艺术、慈善、社交为目的的以及其他不以经济为目的的社团，自表示成立意思的章程形成时，即取得法人的资格。"

《瑞士民法典》第80条规定了财团法人的设立条件："设立财团法人，得有为特别目的而捐助的财产。"设立的形式有两种。一是财团法人依照公证方式或遗嘱方式设立。二是在商业登记簿上登记，应依照财团证书进行；必要时，登记可根据监督官厅的命令，在呈交管理人员名册的情况下进行。鉴于财团法人的公益性特点，《瑞士民法典》对财团法人做了一些限制性制度设计，如在财团组织上，第83条规定：财团的机构及管理方式由财团证书规定；如所定的组织不健全时，监督官厅须作必要的处置；当钱款的处置不能达到预期目的时，监督官厅可将该财团的财产划归与其宗旨最相一致的另一财团。但捐助人提出异议或与财团证书有明确相反规定的，不在此限。在对财团法人的监督方面，除了家庭财团及教会财团外（第87条），第84条规定："财团法人接受其自己指定的公共机构（联邦、州、乡镇）的监督。监督官厅负责监督财团法人按其宗旨使用财产。"这样的规定有利于保证财团法人公益目的的实现和保证公益

---

① 《瑞士民法典》，中国政法大学出版社，1999，第18～25页。

方向。此外，一旦出现无法实现财团法人宗旨或者宗旨违背法律或善良风俗时，法官应该解散该财团。

（三）日本民法的法人分类模式

日本民法的法人分类深受德国民法影响，其实体基础也是社团法人和财团法人，又以是否营利为目的划分为公益法人和营利法人①，其中公益法人有公益社团法人和公益财团法人，而营利法人为社团法人，适用商事公司的规定。同时，日本民法还规定了非法人社团和非法人财团。日本私法人分类与其民商分立模式相适应，有商事法人和非商事法人的分类。现在日本形成了包括民法、商法、证券交易法、有限公司法等在内的私法法人法律体系。②

（四）其他国家民法的法人分类模式

俄罗斯民法典在法人分类问题上与其他大陆法系国家的立法没有明显不同。俄罗斯的法人分为三类：一是发起人（包括参加人，下同）即对法人财产享有债权的法人，如公司和合作社；二是发起人即对法人财产享有所有权和其他物权的法人，如国有、自治地方所有的单一制企业和机关；三是发起人为不享有法人财产权利的法人，如社会团体、宗教组织、基金会、法人的联合组织等。应该说这是一种较有创意的法人分类方法，它以法人财产的不同性质以及法人成员与法人财产的不同联结方式来确定法人的种类。即使如此，

① 《日本民法典》第34条规定了公益法人的设立，第35条规定了营利法人的设立。参见王书江译《日本民法典》，中国法制出版社，2000，第9页。
② 参见梁慧星《民法总论》，法律出版社，2001，第162页；阮赟林《我国商事组织法律制度研究》，光明日报出版社，2000，第212页。

它也没有摆脱大陆法中私法人的两种基本类型。

越南民法明确区分了公法人和私法人，将公法人分为国家机关、军事单位、政府机构或社会政治机构，以及经济组织和基金会等。就其私法人而言，越南民法关于经济组织和基金会的划分，也是效仿大陆法系的社团和财团的分类，但是因为采取了简单的列举式，并没有对繁多的法人进行抽象分类，让人无法把握各类法人的基本性质，所以笔者不赞成这种分类方法，它在立法技术上过于粗糙。

蒙古国民法将法人分为两种类型：一是设立者或参加者对其独立财产保留权利的法人；二是设立者或参加者对其独立财产不保留权利的法人。而且蒙古国民法在规定公共财产时，分别对社会团体和基金会的财产、宗教团体的财产、捐赠的财产等做出了规定。所以，蒙古国民法关于法人的分类也是以社团与财团的划分为基础的。

英美法系也使用法人这一概念。但是由于没有形式上的民法典，所以也就不存在一般意义上的法人概念和相关分类，但这并不等于英美法系对法人及其类型的划分没有相关的理论和规则。英美法国家所称的法人主要是指与自然人相对应的实体或组织，而实体或组织之中，已经完全包含了大陆法系所区分的公法人、社团、财团以及其他法人。[1] 英美法系学者一般把法人分为两类。一类是集体法人，包括地方政府法人，公用事业法人，大学、科研机构、慈善机构等公益法人，各种公司法人。另一类是独任法人，即由一人担负法人职务者，如英国的牧师、主教、英王等。其划分的依据是法人

---

① 张冬青：《完善我国法人分类的构想》，《世界标准化与质量管理》2005 年第 12 期。

资格的享有者是由若干成员组成的集体还是担任某一特定职务的个人。[①] 集体法人，也称合体法人，是指由若干成员共同组成的法人，其性质与大陆法中的社团法人的概念基本相同。通常所称法人绝大多数是指这种集体法人。商业公司、合作社是最为典型的集体法人，国家或地方政府举办的公有企业和其他地方公共机构亦属于集体法人。独任法人也称独体法人或单独法人，是指由担任特定职务的人组成的法人。这种职务本身具有恒久的持续性，并通过任职者的继任实现。某一任职者死亡后，法人的财产即转移给其继任者。独任法人的特点在于担任某一特定职务的自然人具有一般自然人所不能享有的永久法人人格，而这种人格又是法律特别赋予的。独任法人最初多是教会教职人员，如主教、教长、牧师等。此外，根据英国普通法，国王也是独任法人。根据英国的制定法，某些政府大臣，也属于独任法人。集体法人和独任法人的划分为英国法所独有，在大陆法系中并不存在。这种情况与英国法人概念形成的缓慢过程有直接联系。在英国，集体法人最初带有更多的德国"合作社"的特点，而较少地带有罗马法的"财团"（即寺院、慈善团体以及继承人的遗产）的特点。这样就存在一个法律形式上的空白，即人们向教会捐赠财产用于宗教的目的，这种财产事实上不属于任何自然人或自然人团体，处于无所归属的状态。起初，这个问题是通过捐助财产给某个圣人的方

---

① 相比而言，在大陆法系国家集体法人与独任法人的划分既不存在，也不具有什么意义。因为在罗马法看来，法人人格总是一种团体人格，只能由团体享有，而不能赋予某个个人，包括担任某种特定职务的人。个人只能向团体捐助财产或管理团体的财产抑或支配团体的收入或取得团体的利益，但永远不能成为团体财产的所有者。同时，作为团体的法人总有自己独立的名称，这种名称总是非个人的。江平：《法人制度论》，中国政法大学出版社，1994，第55~57页。

式解决的，此后教会组织进一步被人格化，最终法律便赋予教长或其他教职工以一种抽象的法律人格，这一人格由担任该职务的人享有，并永久性地继任存续，英国法中的独任法人概念由此形成。

英美法系中并不将法人分为社团法人和财团法人，但是有类似的制度选择满足社会经济发展对法人组织类型的需要。在英美法系中，法人就是社团或公司。格雷曾说："法人通常的形式是社团（corporation）。的确，社团对普通法来说是唯一被知道的法人。"[1]大陆法系中的财团法人，英美法系代之以信托制度。[2] 在英美法系国家，财团法人的职能是由占重要地位的信托制度完成的。信托制度源于英国，盛于美国，实行于许多英美法系国家。它是指信托人将其财产及其所有权交给受托人，受托人为了他人即受益人的利益，按照信托人的委托，依照法律对该项财产进行管理、处分的一种法律制度。按目的划分，信托分为公益信托和私益信托，所谓公益信托即以增进社会公共利益为目的的信托，其实际内容和作用与大陆法系中的财团法人一致。[3]

四　我国未来民法典法人分类模式的理论探讨

（一）沿袭《民法通则》法人分类模式观点

全国人大常委会法制工作委员会的《中华人民共和国民法

---

[1] John C. Gray, *The Nature and Sources of the Law*, New Orleans, Louisiana, US: Quid Pro, LLC, 2012, p. 51.

[2] 勒宝兰、徐武生主编《民事法律制度比较研究》，中国人民公安大学出版社，2001，第51页。

[3] 江平：《法人制度论》，中国政法大学出版社，1994，第49页。

（草案）》和王利明教授的观点基本上是对《民法通则》法人分类模式的沿袭。全国人大常委会法制工作委员会 2002 年 12 月 23 日提交第九届全国人民代表大会常务委员会第三十一次会议审议的《中华人民共和国民法（草案）》关于民事主体的规定沿袭了原《民法通则》对民事主体的分类法。该草案将民事主体规定在第一编第三章规定法人中进行了说明，共 13 条条文，没有分节。除了个别条文作了修补，零散地吸收了专家的建议或意见外，基本上照搬了《民法通则》的内容，特别是对法人的分类没有任何修改。笔者认为应该正视现实状况的变化，相应调整法人分类制度。无视原有法人分类模式的缺陷，不进行制度改良，难以发挥法人制度在现代社会的作用。

王利明教授主持编写的《中国民法典草案建议稿》第三章对法人分类做出了规定。根据其文本，该草案规定的法人类型有：机关法人、事业单位法人、社会团体法人、基金会法人和企业法人。除了增加了基金会法人类型以外，基本上沿袭了《民法通则》的法人分类模式，没有采纳大陆法系主流的社团法人、财团法人、营利法人、非营利法人的分类方式。在企业法人之下，取消了原来按照所有制对企业法人进行的划分：取消全民所有制企业、集体所有制企业、中外合资经营企业、中外合作经营企业和外资企业的具体划分。仅就企业法人的登记、设立、变更、清算等做出了一般性的规定。该草案第三节"机关、事业单位和社会团体法人"对基金会做出了相应的规定。"基金会法人"是指"以慈善、社会福利以及教育、文化、科学研究、医疗等社会公益事业为目的并以基金设立的法人"。"基金会法人在章程规定的目的范围内，可以从事经营性活动。"① 但是对于基金会法人的再抽象，该草案没有明确做出规定。

之所以没有采纳社团法人和财团法人的分类方法，是因为王利明教授担心，"社团法人和财团法人的划分尽管是比较科学的，但是并不能完全概括我国现实中存在的各种类型。关于财团与社团的分类在学理上尚无明确的标准，例如社员问题，社团一定要求有成员，但是由于一人公司的出现，很难说它是一个社员的集合，却也是社团。又比如盈余分配问题，大学作为财团法人也可能有分配；这种分类在西方也许是科学的，能够解决大部分问题，但是在我国，无法解决国有企业法人的问题。因为法人的设立程序不能解决国企相应的问题，两者不是同一套机理。有人认为国有企业最终都将成为公司，但在一个相当长的时间内国有企业未必都能完全过渡为公司。即使改造成国有独资公司也与社团法人仍然存在本质的区别，社团法人的理论无法对其做出合理的解释"。② 王利明教授进一步解释之所以采纳民法通则的模式的原因："采用企业法人与非企业法人的划分标准比较符合中国国情和现代社会的发展趋势。企业法人的包容性很强，它不仅可以包容公司法人，也可以包括一些尚未依照公司法改制的国有企业以及股份制企业法人等多种类型。从今后市场经济的发展需求看，企业法人的组织形式是会不断发展的，当一种新的企业法人组织产生之后，而公司法等特别法对其难以调整，此时便可以适用民法典总则中关于企业法人的规定。所以，本建议稿以'企业法人和非企业非法人'的分类为基础来构建法人制度。"③

---

① 王利明主编《中国民法典草案建议稿及说明》，中国法制出版社，2004，第 17 页。
② 王利明主编《中国民法典草案建议稿及说明》，中国法制出版社，2004，第 295 页。
③ 《中国民法典草案建议稿及说明》，中国法制出版社，2004，第 295 页。

　　笔者认为，这种顾虑是不必要的。首先国有企业在市场经济条件下不是唯一的企业形态，不能只考虑国有企业的状况否认社团法人的价值。其次完全可以将国有企业视为公法人。国家设立国有企业不是为了与民争利，而是为了服务于社会公共利益。国家投资，公众受益的法人当然是公法人。而社团法人和财团法人的分类则是私法人层面上的分离。所以，社团法人制度在中国适用没有任何障碍。当然，该草案解除了基金会长期以来属于"社会团体法人"的尴尬，但是其他的法人分类则沿袭了原来民法通则的模式。按照这样的模式，事业单位法人的分类规范问题、社团法人、财团法人的确立都成为不能解决的问题。而且这样因循民法通则的法人分类模式带有重商主义色彩，即条文中强调企业法人的规定，而对于公益性法人类型的描述，则着墨不多。

（二）局部创新的法人分类模式观点

　　局部创新的折中模式以梁慧星教授和尹田教授为代表。主要是：不主张采纳公法人与私法人、社团法人与财团法人的分类方式，但是也修正了《民法通则》的法人分类模式，建议取消企业法人分类，改采营利法人类型；建议取消基金会法人，改采捐助法人。同意保留机关法人、事业单位法人和社会团体法人类型。

　　梁慧星教授以"营利法人"概念取代企业法人概念。《中国民法典：总则编条文草案》① 第 68 条对"营利法人"进行了定义："营利法人，是指以取得经济利益并分配给其成员为目的的法人。"梁慧星教授保留了"社会团体法人"的概念，但从中剔除了"基

---

① 中国法学网，http://www.iolaw.org.cn/sifa/minfadianjianyigao.asp。

金会"，改以"捐助法人"概念指称基金会，《中国民法典：总则编条文草案》第 73 条对"捐助法人"进行了定义：捐助法人，是指以慈善、社会福利以及教育、文化、科学研究、医疗等社会公益事业为目的并为捐助财产设立的法人。捐助法人，应经主管机关审核批准并经登记机关登记而成立。捐助法人在章程规定的目的范围内，可以从事经营性活动。梁慧星教授没有采用"公益法人"的概念，而代之以"非营利法人"概念。《中国民法典：总则编条文草案》第 71 条对"非营利法人"进行了定义："非营利法人，是指为社会公益或者其他非营利目的而成立的法人。非营利法人，非经有关主管机关登记，不得成立，但法律、行政法规另有规定的除外。"① 梁慧星教授对原来民法通则规定的机关法人、事业单位法人予以保留。第 71 条规定非营利法人，第 72 条规定机关法人、事业单位法人、社会团体法人。有学者评价说，虽然梁慧星教授在诸多方面坚持借鉴德国法，但此处舍弃了德国法中的"财团法人""社团法人""基金会"等生僻概念，而使用了营利法人、非营利法人、捐助法人以及《民法通则》中原来使用的一些相对容易理解的概念。② 笔者认为，梁慧星教授关于法人分类的观点也是一种折中的做法。

　　尹田教授不主张立法上做公法人与私法人的明确区分，认为传统民法将法人分为公法人与私法人，意在揭示根据不同法律设立的法人之不同地位。但其价值更多地表现为对于设置公法人有关特别制度提供理论依据（如公法人设立之特别程序、国家对包括公共机

---

① 梁慧星：《合作社的法人地位》，中国法学网，http://www.iolaw.org.cn/shownews.asp? id = 148。

② 周贤日：《法人和非法人组织分类简论》，《国家检察官学院学报》2004 年第 5 期。

构在内的公法人的财产及其活动进行监督控制的特别措施等），而这些特别措施与制度通常由行政法规加以规定。而在民事活动中，无论公法人或私法人，其法律地位一律平等，都同等适用民法有关法人的基本准则。因此，从民法立法的角度而言，不明示公法人与私法人的种类分别，无碍大局。尹田教授与梁慧星教授一样建议取消《民法通则》以所有制为根据的企业法人分类，改采"营利法人"与"非营利法人"的分类。在非营利法人中，建议增设"捐助法人"（包括各种基金会，个人捐资设立的学校、医院、福利院、文化馆等），没有采用社团法人和财团法人的概念。原因是，我国从未采用过"社团"及"财团"的概念，而已经被广泛使用的"社会团体"概念与"社团"极易混淆，至于财团，则难以为一般人所理解。因此，社团法人与财团法人的分类可为民法理论所运用，但立法上不宜采用。① 笔者认为，尹田教授的以上理由不成立。首先，尹田教授忽略了1949年以前我国采用过财团法人和社团法人制度；其次，不能用思维惯性来否定科学的法人分类模式；最后，财团法人难以为一般人理解的说法不成立，在采纳财团法人制度的大陆法系国家，其名称中就含有"财团法人"的字样，可以说深入人心，我国如果采用财团法人制度，财团法人对社会经济发展的贡献会逐渐为人们所认同和了解。

（三）肯认大陆法系传统的法人分类模式观点

有一些学者主张回归大陆法系主流法人分类模式，以马俊驹教授、江平教授为代表。马俊驹教授主张法人分类应以公、私法人二

---

① 尹田：《关于民法总则中民事主体制度的立法思考》，中国法学网，http://www.iolaw.org.cn/shownews.asp？id=5565。

元论为基础，以社团、财团两分法为主体，同时对社团法人辅之以营利法人和公益法人的立法模式。另外，对一人公司、合作社等特殊法人形式应进行单独规定。① 按照马俊驹教授的设计，这种分类方法可以包含原《民法通则》中所规定的四种法人类型，其中机关法人和兼有行政管理职能的事业单位法人，将被作为公法人归入政治生活领域，不得参与经营活动，在以民事主体身份出现时，准用社团法人中有关公益法人的规定。其余法人类型均属私法人，企业法人、事业单位法人中实行企业化管理的法人以及在国家事业单位法人改革方案中剥离出的独立核算实体，将构成社团法人中的营利法人，即我国所称的企业法人；以公益为目的的事业单位法人和社会团体法人，将构成社团法人中的公益法人；非以公益（也非营利）为目的的事业单位和社会团体，经特别法程序赋予法人资格后，即构成社团法人中的中间法人，或将此类法人归入社团法人中的公益法人；而事业单位法人和社会团体法人中以国家划拨的专用财产或以指定用途的捐赠财产为成立基础且设有专门管理机构的法人，将构成财团法人。② 社团和财团作为民法的基本概念，虽是德国法学家们抽象思维的结果，却是社会经济实践的产物，完全是社会发展规律作用的结果，所以各大陆法系国家尽管在法人分类的具体规定上有些差异，然而都无法摆脱社团和财团的基本分类标准。应该认为，以公、私法人二元论为基础，

① 马俊驹、曹治国：《守成与创新——对制定我国民法典的几点看法》，中国民商法律网，http://www.civillaw.com.cn/weizhang/default.asp? id=15458。笔者十分赞同马俊驹教授关于法人分类的观点，但是认为没有必要对一人公司和合作社法人进行单独规定，因为一人公司和合作社本质上应该属于社团法人范畴，除此以外，笔者认为营利法人径直可以成为商事法人，这样在我国广泛肯认商法理论和存在价值的情况下，比较直观而且容易为学者和立法者所接受。

② 马俊驹：《法人制度的基本理论和立法问题之探讨（上）》，《法学评论》2004年第4期。

以社团法人、财团法人两分法为主体的法人分类体系是科学的。它被广泛肯认的事实，是顺应社会历史发展产生的法人类型获得立法尊重的结果。

江平教授主张法人可以分为公益法人、营利法人和中间法人。这是按法人成立或活动的目的所做的划分。江平教授认为，公益法人是指以社会公共利益为目的而成立的法人。① 公益法人和营利法人的划分与财团法人和社团法人的划分有密切联系。财团法人为社会公益而存在，必为公益法人。在大陆法系国家和地区，对公益法人和营利法人的划分多是对社团法人的再划分。如《德国民法典》第21条和第22条之规定，"台湾地区民法典"第45条、第46条之规定。《日本民法典》第34条、第35条之规定。② 所谓营利性社团，指从事经济行为，以将利益分配给各社员为其目的的社团，如公司、银行等。所谓公益社团，指以社会上不特定多数人之利益为目的社团，如农会、工会、商会、渔会等。这种划分实际上并未包容一切社团法人，除这两种法人以外，实际生活中尚有既非为了公益，又非为了成员的经济利益而设立和存在的社团法人，如同乡会、同学会、宗亲会、俱乐部等，因而产生此类社团可否取得法人资格及如何取得法人资格之疑问。理论上一般将这种法人称为中间法人。"他们是为了其成员的非经济利益，这种法人虽然未在立法上予以规定，但理论上称其为中间法人。"③

---

① 江平：《法人制度论》，中国政法大学出版社，1994，第53页。

② 《日本民法典》第34条："公益法人的设立"有关祭祀、宗教、慈善、学术、技艺及其他公益的社团和财团不以营利为目的者，经主管机关许可，可以成为法人。第35条："营利法人的设立"（一）以营利为目的的社团，可以依商事公司设立的条件，成为法人。（二）前款的社团法人，均适用有关商事公司的规定。

③ 王玫黎：《法人分类比较研究》，《西南师范大学学报》（人文社会科学版）2003年第2期。

五 本书关于中国未来民法典法人分类模式的观点

（一）应该确立公法人与私法人的分类

本书赞成我国未来的民法典确立公法人与私法人的区分。公法人与私法人的区分可以追溯到古罗马法学家乌尔比安对公法和私法的区分。[①] 公法人与私法人的划分在大多数大陆法系国家和立法制度中有体现。德国、瑞士、意大利、日本等国均在其民法典中规定了公法人。有些对公法人和私法人做出了直接的规定，如《联邦德国民法典》第1编第1章第2节第3目的标题即是"公法人"，《德国民法典》第89条规定，公法人范围包括具有权利能力的国库、公法上的社团、财团，公法上的机关。《意大利民法典》在第2章第1节的第11条和第12条对公法人、私法人进行了界定[②]，这是国家立法对这种划分的直接吸收。还有大多数国家的立法对私法人和公法人作了间接规定，这些规定虽未明文使用公法人与私法人的字样，却规定了国家、地方、机关或公法上的社团、财团和普通社团、财团等公法人与私法人的具体形式。

民法区分公法人与私法人意义重大。一是明确公法人的主体特殊性和行为特殊性。公法人是担当和行使国家统治职能的社会组织，即国家机器的一个组成部分，是国家权力的体现者和执行者。私法人是以经营私人的事业为目的的法人，包括社团法人和财团法人。《民法通则》对公法人和私法人不加区分的法人分类，受到学者的批

---

① 关于公法人、私法人有多种学说，请参见黄立《民法总则》，中国政法大学出版社，2005，第121页；郑玉波《民法总则》，中国政法大学出版社，2003，第114页。
② 《意大利民法典（2004）》，费安玲等译，中国政法大学出版社，2004。

评。有学者指出："由于缺乏公、私法人的严格划分，民法无法实现描绘市民社会界域、制约公权力对私权利不当侵夺的功能。"① 不区分公法人和私法人，不仅会造成公权力和私权利的混淆，导致公权力对私权利的侵害；而且还会造成不同法律部门功能和作用的混淆，既不利于规范国家机关的行为、有效制约公权力的行使，也不利于保障民法发挥规范民事主体和保护私权的作用。例如，当国家机关与公司一样同属于民法的法人时，就可能出现国家机关以侵害其名誉权为由而对批评其行为的自然人或法人提起民事赔偿诉讼的现象。一般认为，划分公法人和私法人最为主要的理由及意义是：设立依据不同，公法人依据公法而设立，私法人依据私法（民商法）而设立；设立目的不同，公法人以公共利益为目的而设立，私法人以私人利益为目的而设立；设立、变更和撤销的方式不同，公法人完全由国家权力机关或其他机关决定其撤离、变更撤销，私法人则是依当事人意愿而设立的，当事人也可依意愿予以变更和撤销；享有的权利不同，公法人可以享有对他人财产的征用权、公共设施的管理权等公权力，而不得享有与私法人一样的人格权、身份权等民事权利，私法人则不得享有征用权、管理权等公权力；诉讼管辖不同，对公法人的诉讼多属于行政法院，对私法人的诉讼则属于普通法院。民法为私法，因此规范私法人行为是民法的任务，规范公法人行为则主要不是民法的任务。② "法人大致分为公法人、私法人二种。公法人者，因国家及其他国家公共事业而存在之法人也。公法人亦得为财产权之主体，与私法人无异，但以国家事业为目的，故关于公

---

① 佟柔主编《民法总则》，中国人民公安大学出版社，1990，第156页。
② 柳经纬：《制定民法典需解决的两个基本问题》，2003年11月山东烟台召开的"海峡两岸民法典理论讨论会"参会论文。

法人之规则，定之于公法（如行政法），不属于民法之范围。"① 我们强调坚持公法人和私法人的划分，并不是要在民法典中对公法人做出具体的规定，而是为了明确这种分类，对公法人从事民事活动所应遵循的法律法规应当由其他的专门立法予以规定。

二是限制公法人进入私法领域。作为市民社会的基本法，民法的首要功能是明晰社会政治生活与世俗生活的界域，推动国家政治架构的健康、稳定发展，促进市民社会的谐和与进步。这一功能是贯穿民法始终的，而又以民事主体制度的作用最为突出。法人制度只有通过清晰的公、私法人分类，严格设定民事生活领域的准入规则，才能完成对公法人进入私法领域的限制，实现对私法人实施自主行为的保障。② 郑云瑞指出，"由于缺少公法人与私法人之间的严格划分，导致民法无法实现描绘市民社会界域、制约公权力对私权利不当侵害的社会功能"。③ 明晰公、私法人的划分，将促使政府作为社会事务的管理者和国有资产的所有者两种身份的分离，排斥公法人从事营利性商事行为的可能，从而有利于政府职能的转变，根治政企不分的痼疾，预防制度性腐败的滋生。

倘未来的民法典采认了公法人与私法人的区分模式，则对原有的法人类型做如下的规范：原有的机关法人全部归入公法人类型，原有行使公权力的事业单位和国家举办的公益性事业单位也归入公法人，比如中国证监会、中国银监会、中国保监会、中国电监会等。

① 〔日〕富井政章：《民法原论》（第1卷），陈海瀛、陈海起译，中国政法大学出版社，2003，第141页。
② 在公法人与私法人不加区分的情况下，特权"单位"近乎疯狂地攫取超额利润，却有着充分的理由。例如"独立学院""名校办民校"这种不伦不类的机构，背离了法制的精神，违背了公平的理念。
③ 郑云瑞：《民法总论》，北京大学出版社，2004。

由于机关法人概念带有浓重的计划经济体制的痕迹，采用公法人概念后，《民法通则》确立的"机关法人"就可以弃之不用。

（二）应该区分社团法人与财团法人

1. 社团法人与财团法人一般理论

一般的，社团法人和财团法人为私法人的再分类。这是按照法人成立的基础所做的划分。社团法人是以人的集合为基础而成立的法人，是人的集合体。公司、合作社、各种协会、学会等都是典型的社团法人。财团法人是以财产的集合为基础而成立的法人，是财产的集合体。各种基金会组织、寺院、救济院和慈善组织等都是典型的财团法人。① 社团法人和财团法人的形成最早可以追溯至古罗马时期。当时存在的社团主要有：国家和公共团体、地方政府、宗教组织和政治团体。但由于历史条件的限制，法律制度和法律观念尚处于发展初期，还没有产生现代意义上的法人概念，因而这些社团都只是以团体的形式存在，尚未具备明确的法人地位。同时，罗马社会历来对商业和团体持一致态度，使得后来对法人制度产生决定性影响的商业团体在当时未得到充分发展。古代罗马法列为财团的团体有寺院、慈善团体、未有继承人的遗产三类，它们后来都随着法人观念的确立而成为财团法人。财团法人在日耳曼法中的发展甚为典型，李宜琛先生在其所著《日耳曼法概说》中对此作了较为详尽的描述。②

2. 社团法人与财团法人的分类是大陆法系传统的法人分类模式

大陆法系国家和地区多在立法中对这一划分有所体现，德国、

① 江平：《法人制度论》，中国政法大学出版社，1994，第45页。
② 江平：《法人制度论》，中国政法大学出版社，1994，第47～48页。

瑞士、意大利、日本、中国台湾等国家和地区的民法典明确规定了社团法人与财团法人。自《德国民法典》正式区分社团法人与财团法人之后，此种法人分类方法很快被大多数国家所借鉴和吸收，进而成为大陆法系关于法人的最重要的区分类别。① 我国"台湾地区民法典"也在第 2 章第 2 节第 2 款和第 3 款中对社团和财团作了规定，效仿联邦德国的做法，也在第 45 条、第 46 条对社团作了划分。② 同样，《意大利民法典》也在第 2 章第 2 节中对社团法人和财团法人作了界定。③ 又如越南民法明确区分了公法人和私法人，将法人分为国家机关、军事单位、政府机构或社会政治机构，以及经济组织和基金会等。就其私法人而言，越南民法关于经济组织和基金会的划分，也是效仿了大陆法系的社团和财团的分类，但是因为采取了简单的列举式，并没有对繁多的法人进行抽象分类，让人无法把握各类法人的基本性质，所以有的学者不赞成这种分类方法，认为它在立法技术上过于粗糙。④ 再如《蒙古国民法》将法人分为两类：一是设立者或参加者对其独立财产保留权利的法人；二是设立者或参加者对其独立财产不保留权利的法人。⑤ 而且《蒙古国民法》在规定公共财产时，分别对社会团体和基金会的财产、宗教团体的财产、捐赠的财产等做出了规定。所以，《蒙古国民法》关于法人的分类也是以社团与财团的划分为基础的。

3. 我国应该确立社团法人与财团法人的类型

我国《民法通则》没有规定社团法人和财团法人。笔者认为应

---

① 龙卫球：《民法总论》，中国法制出版社，2001，第 376～377 页。
② 第 45 条：以营利为目的之社团，其取得法人资格，依特别法之规定。第 46 条：以公益目的之社团，于登记前，应得主管机关的许可。
③ 《意大利民法典（2004）》，费安玲等译，中国政法大学出版社，2004。
④ 《越南社会主义共和国民法典》，吴尚芝译，中国法制出版社，2002，第 110 条。
⑤ 《蒙古国民法典》，海棠、吴振平译，中国法制出版社，2002，第 21 条、第 145～147 条。

该在未来的民法典中明确规定这两种法人类型。社团和财团作为民法的基本概念，虽是德国法学家们抽象思维的产物，却也是社会经济实践的产物，完全是社会发展规律作用的结果，所以各大陆法系国家尽管在法人分类的具体规定上有些差异，然而都无法摆脱社团和财团的基本分类标准。

（1）明确规定社团法人类型

社团法人是指以人的集合为基础的有民事权利能力并以章程为活动依据的社会组织。社团法人以具有两个以上的成员（社员）为要素，须因为两个以上人的共同行为而设立。社团法人产生于罗马法的"团体"，当时的团体不仅包括各种成员间的非营利团体，也包括商业性的营利团体。客观地说，非营利社团的出现早于营利性社团。社团法人的确认，适应了不同利益集团对法人类型具体人格化的需要，有利于形成一个开放型的法人体系。根据社团法人与其成员的联结模式的不同，以及成员结构上的差异，形成了资合形式的法人和人合形式的法人，这为立法上赋予无限公司、两合公司、股份两合公司、商事合伙等组织以法人地位（或主体资格）提供了理论根据。非营利组织除一部分应属于财团法人外，大部分属于社团法人项下的公益法人和中间法人。这一划分不仅将为高扬人道主义旗帜、发展社会公益事业提供必要的制度载体，还将为政治开放和民主进步创造适宜的法制环境。

社团法人可以分为营利社团和公益社团。营利社团指从事经济行为，并将利益分配给各社员的社团，例如公司、银行等。公益社团，指以社会不特定多数人之利益为目的之社团，如农会、工会、商会、渔会等。在社团中，有既非公益，又非以营利为目的者，如同乡会、同学会、宗亲会、俱乐部等，被称为中间社团，依民法规定取得法人资格，不必经主管机关许可。[①]

（2）明确规定财团法人类型

笔者主张未来民法典应该明确财团法人类型。财团法人是指法律上对于为特定目的的财产集合赋予民事权利能力而形成的法人。财团法人的设立基于捐助行为或者遗赠行为。捐助行为是以设立财团法人为目的而转移财产权的法律行为。除捐助行为或者遗赠行为外，捐助人或者遗赠人须在捐助章程或者遗嘱中确定财团法人的目的、财产、组织和管理方法等。财团法人依法设立后，捐助人或者遗嘱执行人须将捐助或者遗赠财产转移给财团法人，然后财团法人即依照章程而独立运作，不受捐助人或者遗嘱执行人的干涉。财团法人须不以营利为目的。[②] 财团法人具有三个特点：其一，财团法人成立后，设立人与其财团完全分离，有利于财团的自主发展；其二，财团法人的组织机构设置灵活，有利于其治理结构的完善；其三，财团法人具有成熟的内外部监督机制，有利于督促其工作人员克尽职守。可见，财团法人具有较强的适应性和针对性，它的引入将为我国确立学校团体、宗教组织、研究机构、基金会等组织的法律地位提供一种新的思路。

《民法通则》没有采纳财团法人的概念，应该说在一定程度上限缩了法人制度的公益功能，受法律确认的基金会本属于财团法人形态却被归入社会团体法人之中，因而造成理论上的混淆。[③] 有的称其

---

① 王泽鉴：《民法总则》，中国政法大学出版社，2001，第58页。
② 王泽鉴：《民法总则》，中国政法大学出版社，2001，第150页；黄立：《民法总则》，中国政法大学出版社，2002，第111页；〔德〕迪特尔·梅迪库斯：《德国民法总论》，邵建东译，法律出版社，2000，第862页。
③ 郑云瑞：《民法总论》，北京大学出版社，2004。

为"捐献法人"①，有的称其为"基金法人"②，还有的则使用"财团法人"的称谓。江平教授认为捐助法人不过是《民法通则》规定的事业法人之一。③可见，民法制度没有明确肯定财团法人的地位，造成了相当严重的理论混乱。

实际上，目前我国出现了各种基金会组织（如中国残疾人福利基金会、茅盾文学奖基金会等），这本身就是典型的财团法人形态，但是《民法通则》未能把它们当成一种法人做出具体规定，现行立法把基金会列入社会团体法人一类，这实际上也是不妥的。社团法人是以人的结合为基础形成的团体，而基金会的设立以财产（基金）为基础，两者的区别十分明显。

从目前的情况看，法律确认基金会为财团法人很有必要。首先，各种基金会组织在我国已客观存在，这些基金会设立的目的、活动宗旨、组织方式等均有别于其他法人，法律若不对之做出规定，就会出现法律调整上的空白；其次，从我国经济发展的趋势看，各种长期性或临时性的基金会将会迅速出现，如有的地方为修建大桥而设立建桥基金会等④；最后，各类基金会对我国公益事业的发展具有积极的促进作用，法律赋予其特殊的法律人格，有利于其正常开展

---

① 佟柔主编《民法原理》，法律出版社，1987，第68页。

② 钱明星、魏振瀛：《关于完善我国法人制度的几个问题》。

③ 江平：《法人制度论》，中国政法大学出版社，1994；尹田教授的观点参见梁慧星教授主持编写的《中国民法典草案建议稿》，法律出版社，2003。笔者不认为基金会属于事业单位法人，原因在于事业单位法人必须是国家举办的，而基金会则有公募和非公募两种，非公募的基金会，当然不属于事业单位法人。

④ 笔者发现：现在有一些社会名流在利用自己的社会影响成立基金会，发展公益事业。例如，中国人民大学法学院的曾宪义教授在退休后办了一个以自己名字命名的基金会，专门资助各类法学研究，促进法学研究的繁荣。同属于人大法学院的赵中孚教授也在自己从教50周年时成立了以自己名字命名的基金会。笔者以为法律可以为有举办公益事业意愿的人士提供更多的制度资源，而承认财团法人就是一个被证明是妥当而理想的制度选择。

活动，以充分发挥其特殊功能。

我国民法通则将基金会划入"社会团体"范围。但基金会与具有社团特征的社会团体具有本质区别，如加以混淆，则有可能将基金会等福利机构中的管理人员误认为法人成员，从而导致其设立宗旨和财产用途被非法改变。① 对此笔者认为应该肯定基金会作为财团法人的基本定位，赋予其应有的法律地位。同时，应该明确基金会存在的目的，即发展社会公益事业，而不是财产保值、增值。② 基金会符合财团法人的一般特征。③ 一是基金会没有会员。基金会的设立人将财产权转移给基金会后并不成为基金会的会员，无权组成社员大会对基金会进行控制。基金会的设立人对基金会成立后的影响体现在捐助章程上，捐助章程是基金会经许可登记后营运及运作的依据。基金会成立后为基金会捐赠财产的人也并非基金会的会员。这是基金会与社会团体相区别的本质特性，社团法人与财团法人的最根本区别在于成员的有无。④ 社团法人有成员，并以此为基础构筑其组织机构和管理方法；财团法人没有成员，并以此为基础构筑其组织机构和管理方法。二是基金会的设立人没有数量限制。基金会的设立人可以是一个，也可以是多个，这一点与一般社会团体必须由多数人设立不同。我国《社会团体登记管理条例》第10条规定：成立社会团体，应当具备的一个条件就是，有50个以上的个人会员或

---

① 尹田：《中国民法典立法中法人制度的设想》，法律思想网，http://law-thinker.com/show.asp? id=2303。
② 由于基金会的公益性质，国家在税收等方面给予优惠。《基金会管理条例》第26条规定："基金会及其捐赠人、受益人依照法律、行政法规的规定享受税收优惠。"
③ 英美法系虽然没有财团法人制度，但是英美法系有相当成熟的基金会制度。在我国，已经采纳了基金会的概念，出台了相关法规。可以将基金会看作财团法人的一种表现形式，但其并不是唯一的表现形式。
④ 刘得宽：《民法总则》，台北五南图书出版公司，1996，第106页。

者 30 个以上的单位会员；个人会员、单位会员混合组成的，会员总数不得少于 50 个。一般社会团体会因会员数量不足法定人数而被解散，基金会则不存在这样的问题。三是基金会的权力机关为理事会（或董事会），没有会员大会。一般社会团体都有会员大会（或者会员代表大会）作为其权力机关。《社会团体登记管理条例》虽没有明示社员大会或社员代表大会为社会团体的权力机关，但在第 14 条规定：筹备成立的社会团体，应当自登记管理机关批准筹备之日起六个月内召开会员大会或者会员代表大会，通过章程，产生执行机构、负责人或法定代表人，并向登记管理机关申请成立登记。从本条的规定来看，《社会团体登记管理条例》是把会员大会或者会员代表大会作为社会团体的权力机关的。[①]

国家鼓励扶持基金会是有利于社会发展进步的，是构建和谐社会的重要民法制度。事实证明基金会在世界各国发挥的积极作用在很大程度上调动了民间资本服务于公益事业的热情，提供了恰当的制度平台。例如美国的卡内基基金会和洛克菲勒基金会在 20 世纪对医学研究、教育等事业的资助款额竟超过了联邦政府。美国的公共电视业，其最初是由福特基金会为制片人和电视台提供资助，待它成为效益颇丰的产业后才受到了政府的重视。当今外国的基金会非常普遍，据不完全统计，大大小小的基金会（包括慈善组织）在美国有 3 万个、德国有 1 万个、瑞士有 1 万个，其他许多国家也有几百个以至几千个不等。唯独法国比较少，只有不到 400 个。[②] 国外最早的基金会是作为某一笔公益信托财产的委托人存在的，并不向公众募捐，是典型的非公募基金会。直到现在，很多世界著名的基金

---

① 蔡磊：《论基金会的法律问题》，《学术探索》2003 年第 9 期。

② 马胜利：《外国的基金会制度》，《欧洲》1994 年第 1 期。

会都属于非公募基金会类型。例如，福特基金会，它于 1936 年由福特家族成员亨利·福特和埃德赛尔·福特赠款建立，是美国最大的基金会。自成立后至 1950 年，它向密歇根州"慈善"团体和教育机构捐赠大量资金，成为全国性基金会。它向全国和世界各国的文化教育团体、学术研究机构、科学研究部门捐赠的项目和金额在所有基金会中都是首屈一指的。近年来，它又对能源开发、环境保护等方面的研究给予大量资助。该会总部设在纽约，目前在亚非拉地区的 25 个国家设立了分支机构。① 此外像著名的诺贝尔基金会、比尔·盖茨夫妇基金会、香港的李嘉诚基金会也是非公募基金会。在美国，主要依靠公众募捐的社区基金会基本上规模较小，不依靠公众募捐的私人基金会（类似于我们这里提到的非公募基金会）则可以达到很大的规模，而且财力雄厚，工作效率和社会效益都很高，是最重要的公益组织之一。② 现代基金会大都以开发事业而不是财产保值为目标，鼓励和资助那些有益于社会发展、具有超前性而又得不到政府帮助的活动的开展，为其提供"风险资金"。

基金会于改革开放以后在我国出现，虽历史很短，但发展很快，截至 2004 年底，共有 936 个，其中在国家民政部门登记的基金会有 84 个。③ 基金会取得了突出的成绩，为公益事业做出了重要贡献。但总的说来，我国基金会的数量还不够多，规模也不够大，还不能适应经济和社会协调发展的要求。2004 年 2 月 11 日国务院第 39 次常务会议通过《基金会管理条例》，将基金会分为公募基金会和非公

---

① 《福特基金会的成长与发展简史》，http://learning.sohu.com/20040825/n221734404.shtml。
② 马昕：《非公募基金会及其管理体制研究》，《中国民政》2004 年第 6 期。
③ 《民政部公布 2004 年民政事业发展统计报告》，中国 NPO 服务网，http://www.chinanpo.org/cn/member/stat/detail.php? id＝21。

募基金会两类。两者都是运作基金的公益性社会组织，但在资金来源上有很大的区别。公募基金会是指现在各个部门主管的、行政色彩较浓的基金会，它们可以面向公众募集资金。非公募基金会是指个人或企业等组织设立的不得面向公众募集资金的基金会，资金由设立者提供，这是一种新的类型。公募基金会和非公募基金会的主要区别在于能否公开募捐。

我国现有的基金会以面向公众募捐的公募基金会为主。这些基金会基本上由政府部门或与政府关系密切的组织、个人发起，行政色彩比较浓厚。它们与政府部门联系密切，借助部门的力量，也配合部门的工作，往往依靠行政力量获得资助，同时也根据部门的需要使用募捐的资金。在此前一段时间，由于我国过去的经济发展水平比较低，个人或者企业的财力都十分有限，个人和企业的公益意识也比较淡薄，再加上政府对非公募基金会的支持不足，我国非公募基金会的数量非常少。依据中国民间组织对基金会的相关统计可知，非公募基金会一般直接以捐助者个人或单位的姓名和名称命名，如吴阶平医学基金会、周培源基金会、清华大学教育基金会、北京大学教育基金会等。笔者呼吁，尽快制定法律为民间资本力量兴办基金会公益性财团法人创造制度渠道，在维持公法人基金会发展态势的同时，允许和鼓励非公募基金会的发展。否则，转型时期迅速增加的民间资本虽有举办公益事业之心，却无举办公益事业之制度，造成社会畸形消费现象。①

---

①　例如有的暴发户一次购房就购买一个单元；世界知名的汽车无不在中国俏销。如果我们有妥当而门槛不高的私人举办公益事业的法律制度（比如非公募基金会财团法人），应该会在一定程度上减少这种现象。笔者知道的一家北京公司就想举办一个针对贫困大学生的基金会，无奈因审批太难而作罢。

（3）公法性的社团法人和财团法人

我国一些学者认为，只有私法人又可分为社团法人和财团法人。其实这是一个误解。公法人一样可以有财团法人和社团法人之分。比如，《德国巴伐利亚州财团法》第 1 条第 1 款规定："本法所称之财团，指民法上与公法上具有权利能力之财团。"第 2 款规定："本法所指之公法上的财团，为专门实现公共目的，并因与国家、乡镇、乡镇联合体或其他公法上的团体或机构存在组织上的关联，而成为公共性设施之财团。"第 3 款规定："1. 本法所指之公共财团，包括民法上不专以实现私人目的之具有权利能力的财团，与公法上具有权利能力的财团。2. 服务于宗教、科研、教育、课程、教养、艺术、文物保护、民俗风情保护、自然生存环境保护、体育运动、社会福利或者其他公益活动之目的，视为公共目的。"日本的国立大学这样的纯教学科研机构，实行的是一种典型的官僚式管理体制。不仅所有教职员都享有国家公务员身份，而且其称谓也与行政部门大体一致，如教授一概称"教官"，职员则一律称"技官"或"事务官"。虽然它们依照有关法律也实行"大学自治"制度，校长通常由本校教授选举产生（后须经文部省任命），但学校的人事、财务等具体管理制度由政府统一规定，行政职员也由文部省统一配备。[①]《匈牙利公益组织法》第 2 条规定："在匈牙利登记的下列组织可以成为公益组织：除保险协会、政党、雇主利益团体和雇员利益团体以外的民间社团；财团；公法财团；公益性公司；行业公会。但是以规范其成立的法律许可为限。"[②]

我国的事业单位很多属于公法人社团或者公法人财团。国家出

[①] 朱光明：《日本的独立行政法人化改革评析》，《日本学刊》2004 年第 1 期。

[②] 世界银行网站中文版，http://www.worldbank.com.cn。

于某种特定的公共目的而成立社团法人，比如全国妇联、中华全国总工会、全国残联、中国消费者协会等。[①] 有的学者一味强调非营利社团法人的民间性，强调非营利社团法人的"公民社会"功能，批评我国现存的公法人社团组织，认为应该全部归入私法性民间组织，这种观点是很片面的。一方面阻碍了社团法人本身的多元性，另一方面如果公法人社团组织改制为私法人社团组织，法人将会面临诸如章程修改、产权归属、宗旨变更等一系列问题；我国的事业单位履行公益职能的机构可以说就是公法财团。至于我国民法中采纳公法人财团面临的障碍，王轶教授认为：我国现实中存在公法人财团，比如国家自然科学基金会、国立大学、国立科研机构等。立法不采纳公法人财团可能的理由是财团法人的属性要求财团的财产与其出资人脱离，而我国的事业单位财产则是编入国有资产的，这可能是一个障碍。[②]

（三）应该区分商事法人与非商事法人

1. 商事法人

在现代社会关系中，商事法律关系越来越成为一类重要的法律关系，参加商事法律关系的主体一般单独进行类型化规范。世界上很多国家都很重视包括商事法人在内的商事主体的类型规范化，尤其是民商分立的大陆法系国家更是采取了法典化的做法。在法人分类问题上，也应该强调商事法人与非商事法人的区别。值得重视的是大陆法系的德国、法国、日本等国都是采取私法法人二元化规制

[①] 王利明教授把这类社团叫作"特殊的社会团体法人"，参见王利明主编《民法学》，复旦大学出版社，2004，第60页。

[②] 2006年3月22日笔者当面请教王轶教授的记录。

的模式①，也就是除了在其民法典中对法人予以规定外，还在其商法典中对法人予以规定。德国就是将民法作为普通私法，商法作为特别私法，分别制定了《德国民法典》和《德国商法典》。在这种私法法人二元化规制模式下，民法规范调整一般民事法人，商法规范调整特定法人即商法人。

我国目前是在私法主体一元化规制模式下或者民商合一的框架内所进行的法人分类，而不同于德国、日本、法国等国的私法主体二元化规制模式或者说民商分立的框架内所进行的法人分类。笔者认为，在我国民商合一的框架下，未来的民法典应该规定商事法人类型，在立法技术上加大商事立法的比重，并逐渐取代企业法人类型。

我们认为，商事法人类型化的法人分类模式，有助于划清商业利益与公共利益的界限。而我国现在存在的问题是大大泛化了商主体的概念，以为民法是社会主义市场经济的基本法，完全可以将民事生活和整个市场适用的共同规则集中规定于民法典中，而将适用于局部市场或个别市场关系的规则，规定于各民事特别法，如公司、票据、证券、海商、保险等法中。民商合一理论现在是主流观点。"民商合一反映的正好是现代化市场经济条件下的所谓'民法的商法化'。多数学者坚持应继续坚持民商合一主义的立法体例。"②

但是在民商合一的框架下，民商事主体制度构建应该直面市场经济发展的客观需要，市场经济的健康有序发展需要完善的包括商

---

① 所谓私法法人"二元化"规制模式是笔者自己概括的一种提法，也就是民法典和商法典同时对不同的法人进行规制；与之相对应的是一元化规制模式就是只有民法典对法人规制。

② 梁慧星：《民法总论》，法律出版社，2000，第13页。

事法人在内的商事主体制度。因此，商事主体制度应该与一般民事主体区分开来。近来越来越多的学者主张商事主体的相对独立地位。如赵万一教授认为商主体是商法的核心内容，也是商法区别于民法的标志之一，现代商法对商主体进行特别立法是必要的。[①] 王小能教授也强调："商法关于商人的规定在整个商事法律体系中占有十分重要的地位。其意义一方面在于商人具有严格的法定性，不经过商法确认不得成为商人，这一点与民法上的主体是不同的。因为商人从事的是以营利为目的的行为，如果任何人不经法律认可就可以经商，很有可能造成市场的混乱。商法规定商人的另外一个意义就是使商人与其他法律主体区别开来，商法对商人的规定并非为了说明某个人可否成为商人，而是为了揭示商人的本质特征。通过对商人本质特征的认识，人们清楚地知道商事主体不同于行政主体（仅能实施行政行为）、军事主体（仅能实施军事行为）、司法主体（仅能履行司法职能）、立法主体（仅能从事立法活动），而只有商事主体方能够从事商行为。如果立法部门、司法部门、政府部门、军事部门经商，就像民事主体或商事主体立法、司法、管理国家、进行军事活动一样不可思议，并且对社会相当危险。"[②]

否定商主体独立存在理论混淆了一般民事活动与商事活动，以民事主体的概念来确立商事主体，存在难以克服的局限，因此商主体必须法定。[③] 比如《德国民法典》第43条（2）规定："依照章程不以营利为目的的社团追求此目的，可以剥夺社团的权利能

①　赵万一、叶艳：《论商主体的存在价值及其法律规制》，《河南省政法管理干部学院学报》2004年第6期。
②　王小能主编《商法学》，高等教育出版社，2000，第27页。
③　参见中国法学会商法学研究会2004年年会《简报》（第1期）。

力。"第43条（4）规定："权利能力以授权为依据的社团，追求章程中规定的目的以外的目的的，可以剥夺社团的权利能力。"德国特别清楚一般民事主体与商事主体的界限，一旦逾越，则以权利能力被剥夺为代价。反观我国，由于只有商事主体才能从事商事活动的理念没有确立，为数众多的公益性机构以从事名为"创收"的商事活动为荣，忽视了自己所担当的社会公益职能，出现了大范围的泛商化现象。

如果商事法人的类型得到未来民法典的肯认，笔者建议取消企业法人的分类，原因有以下几点。第一，企业不能成为营利法人的同义词，有的企业属于公共企业或者公益企业，天然不以营利为目的，只不过运用了企业这种社会组织形式，比如中国核工业集团公司、中国兵器工业总公司、三峡工程总公司、国家开发银行等都属于企业，但不能说这些企业就是为了赚钱是营利性的。第二，所谓"企业法人"的说法本身是有问题的，这个只有中国才有的法人分类是采取"企业（社会组织类型）＋法人（法律人格）"方式命名的。然而，"企业"本身不是一个法律概念。在大陆法系的法典里没有这个概念，英美法系中也没有这样的法律术语。企业是经济学中的一个概念，不是法学术语，立法技术性科学性不强。笔者猜测当时的民法学者为了显示民法对商品经济的重视特意规定了企业法人这种法人类型（特别是在当时与经济法学的争论已经影响到民法学人的个人荣誉和个人利益的情况下，把企业法人归到民法通则的调整范围，从而在一定程度上限缩了经济法对于企业的调整空间），套用经济学的"企业"一词，加上法人的模具，就出现了企业法人的类型化划分，也因而出现了其他的非企业法人分类：机关法人、事业单位法人、社会团体法人。机关法人与事业单位法人完完全全是充满计划经济色彩的概念①，社会团体法人尽管带一点民间色彩，但实际上在双重管理体制下，社会团体的官方意味依然很浓。②

2. 非商事法人（非营利法人）

非商事法人的内涵等同于非营利法人。非营利法人就是指营利法人之外的所有社团法人，包括公益社团法人、中间社团法人和财团法人。③ 营利法人与非营利法人的区别在于是否将其所获利益分配给成员。非营利组织具体以各种协会、学会、联谊会、商会、行会、医院、福利院、文化馆、体育馆、博物馆、文艺团体等形式存在。非营利组织是不以营利为目的，主要开展各种志愿性的公益或互益活动的非政府的社会组织，它们主要以环境保护、扶贫发展、权益维护、社区服务、经济中介和慈善救济为各自活动的领域。④

发挥这些组织的功能和作用，调动它们所有成员或工作人员的积极性、创造性，实现"大社会""小政府"的改革目标，按其成立基础和宗旨的不同，依据特别法确认其相应类别的法人地位是关键。非营利组织除一部分属于财团法人外，大部分属于社团法人项下的公益法人和中间法人。

对于非营利的界定是立法的难点所在。社团法人、财团法人两

---

① 经济法学者刘文华教授在 1987 年根据当时的社会组织结构情况，把社会组织分为两类：一类是核算组织，另一类是预算组织。核算组织是指有一定的可供支配的财产，以创造物质财富，扩大积累为目的，直接从事生产经营活动，实行独立核算、自负盈亏的企业和其他经济组织。包括企业、公司、工厂、经济联合体等及各类所有制形式的经济组织。预算组织，是指核算组织以外的其他有独立预算的组织。这些组织一般不直接从事生产经营活动，不直接创造物质财富，它们的财政来源主要是国家的预算拨款。所以，称之为预算组织，如文教、卫生等事业单位，它们有自己独立的预算。参见刘文华《中国经济法基础理论（1987 年手稿）》，学苑出版社，2002，第 212 页。

② 笔者发现，在中国很有意思的现象是对"社会"一词赋予更多的民间色彩，尤其是在转型时期，例如社会力量办学条例，实际上就是民间资本介入教育产业领域。社会团体，其实有一部分是民间的团体合法化的组织形态。

③ 金锦萍：《非营利法人治理结构研究》，北京大学出版社，2005，第 30~31 页。

④ 王名编《非营利组织管理概念》，中国人民大学出版社，2000，第 2 页。

种法人，视其目的之事业性质，及其他事由而定，故法律不设定则，以拘束设立者之意思。① 美国《示范非营利法人法（修订版）》对此没有做出定义，理由是实在找不到令人满意的定义。各国立法，一般有两种不同的路径。第一种立法是限定非营利法人可以从事的活动领域，这被称为"功能主义方法"。第二种则被称为"经济关系方法"，不再罗列非营利法人的活动领域，而是通过界定法人与其成员之间的经济关系来界定非营利目的。用经济关系的方法可能更适当。功能主义立法无法穷尽非营利法人的活动领域，也无法预测新出现的活动领域，这是由立法者认识的有限性和立法的滞后性决定的。另外，对于非营利法人从事营利活动进行限制是不切实际和不合理的。② 尹田教授对此有论述："是否从事经营活动并谋取经济利益，与法人成立的目的并不完全吻合。某些公益法人未达到其公益目的，也须从事经济活动，如基金会为了维持其财产的价值或使其增值，以便完成其扶助公益事业的任务，须将其资金用于投资；救济院等慈善机构为了维持和扩大慈善救济范围而兴办各种企业或从事其他营利事业等，并不影响其公益性质。显然，关键问题不在法人是否从事营利活动，而在其营利活动所得之归属。如果营利所得完全归属于法人即用于法人目的，则不构成营利法人；如果营利所得被分配给法人成员，亦即法人成员投资于法人的目的即为营利。"③

3. 公益法人

笔者主张，未来的民法典应该规定公益法人类型。首先，因为

---

① 〔日〕富井政章：《民法原论》（第 1 卷），陈海瀛、陈海起译，中国政法大学出版社，2003，第 143 页。

② 金锦萍：《非营利法人治理结构研究》，北京大学出版社，2005，第 15～17 页。

③ 尹田：《民事主体理论与立法研究》，法律出版社，2003，第 168 页。

这是大陆法系的一个传统分类，例如《日本民法典》和"我国台湾地区的民法典"等。《日本民法典》第 34 条规定"有关祭祀、宗教、慈善、学术、技艺以及其他公益的社团和不以营利为目的的财团"的法人称为公益法人。《德国民法典》只对社团法人进行了这样的分类，规定了非营利社团和营利社团。《瑞士民法典》则把社团法人划分为"经济目的社团"和"非经济目的社团"。根据是否以营利为目的——将团体所取得的财产分配给组成人员，可以将法人分为营利法人和非营利法人。非营利法人又可分为公益法人和中间法人。中间法人是指虽不以营利为目的，但也不以公益为目的的法人。① 其次，设立公益性法人也是在科学发展观指导下构建和谐社会的需要。一个社会的文明程度，经济发展的水平仅仅是一个参照标准，除此之外的文化、教育、科研、卫生、体育等事业，也是衡量社会文明进步程度的重要标尺。如果说经济发展需要大量的商事主体的话，那么社会和谐发展、全面进步则有赖于公益性主体的不断涌现。作为提供制度供给的民法，当然应该责无旁贷地为推动公益事业的进步提供制度平台。把公益法人作为法人的一个类型，毫无疑问会助推中国公益事业的进步。反之，如果没有完善的公益法人的规定，则会对公益事业的发展造成某种阻碍。

六　中国事业单位法人在未来民法典中的地位

笔者认为，事业单位法人不应该继续成为未来民法典法人的一个类型，其在中国的历史作用已经完成，中国事业单位法人实际上

---

① 〔日〕山本敬三：《民法讲义Ⅰ——总则》，谢亘译，北京大学出版社，2004，第 297 页。

已经没有继续存在的必要，事业单位法人的法定含义与实际状况大相径庭。事业单位法人包含的类型过于宽泛：既有国家拨款成立的兼有部分行政管理职能的公法人，又有依国家行政命令组建的公益法人，还有由自然人或法人组建并办理登记成立的私法人。这些法人都没有按其特征抽象出同一类别的因素和基础。现在事业单位法人的概念实际上逻辑不周延，事业单位这个"帽子"并不与现实状况完全符合。有的事业单位属于公权力机关，比如中国证监会、中国银监会、中国保监会、中国电监会、中国社保基金理事会等基本上属于国家机关的序列，所不同的一点就是这些单位的编制不属于行政机关编制，而属于事业单位编制。其实从法律角度来看，它们属于国务院直属的部级事业单位，享有制定有关规章、政策、管理相关行业甚至进行行政处罚的权力，这些权力完完全全属于公权力的范畴，因此这些所谓的事业单位属于机关法人的类别，存在"政事不分"之嫌。有的事业单位法人从事完全的营利活动，领取营业执照，缴纳税金，申请商标，已经完全具备民商主体的条件，具备企业法人的条件，但是仍然头顶事业单位的"帽子"，畅游于转型社会的两种体制中获取最大化利润。比如出版社等除了由出版行政部门批准领取出版许可证以外，还须从工商行政管理部门领取营业执照，存在"事企不分"之嫌。值得重视的是：有些事业单位一方面独享在管制政策下国家的垄断资源，比如高等学校的招生计划、出版部门的版号资源等；另一方面却又不遗余力地进行着单位利益、自我利益最大化的活动，严重影响了社会公平，与社会主义市场经济"公平竞争"的理念背道而驰。还有的事业单位按照我国《社会团体登记管理条例》的规定，属于社会团体法人，比如学术性社会团体的中国法学会、国家自然科学基金委员会，这类机构本身属于事业单位法人，却又属于社会团体法人，"社事不分"。这样一来，事业单位法人作为《民法通则》规定的一个法人类别，就失去了类型化规制的制度意义，也从一个侧面反映出事业单位法人制度改革的必要性。

第五章　事业单位分类改革的法律对策

一　概述

《中共中央关于制定"十一五"规划的建议》中提出：要对事业单位进行分类改革，"继续推进政企分开、政资分开、政事分开、政府与市场中介组织分开，减少和规范行政审批。各级政府要加强社会管理和公共服务职能，不得直接干预企业经营活动。深化政府机构改革，优化组织结构，减少行政层级，理顺职责分工，推进电子政务，提高行政效率，降低行政成本。分类推进事业单位改革"。[①] 世界银行课题组针对中国事业单位的研究报告中也明确指出，中国的事业单位应该分类规范。"事业单位改革从一开始就特别强调分类，这反映出政府对事业单位的多样性和复杂性有清楚的认识，并且强调这些多样性和复杂性对确定政府自身的角色有重要意义。"[②]

由上可见，对事业单位进行科学合理的分类，是正确规范事业

---

① 《中共中央关于制定"十一五"规划的建议》，新华网，2005 年 10 月 18 日。
② 世界银行：《中国：深化事业单位改革，改善公共服务提供》，参见世界银行网站中文版，http://www.worldbank.com.cn。

单位这类特殊主体的基本要求。而从法律技术上对事业单位进行分类，则更有利于使这种分类趋于严密和规范。

那么，事业单位分类改革具体应该如何操作呢？为了准确把握中国事业单位这一类特殊的民事主体，深入研究事业单位的法律问题，有必要从类型上对现有的事业单位分类现状进行仔细考察。对事业单位进行条分缕析的类型考察既在理论研究中有重要意义，又是现实中事业单位分类改革的关键环节。可以说，事业单位的法律技术层面的分类规范，是中国事业单位改革最为重要的核心任务之一。

在计划经济时代，事业单位可以说是一个概念清晰、同质性很强的组织类别。而在改革开放以后，中国的事业单位出现了越来越强的分化趋势，不同类别的事业单位具有不同的法律特点。从法学的角度考察，有的事业单位属于公法人，有的事业单位则属于提供公共服务的公益法人，有的则已经按照企业化方式来运作，可以视为商法意义上的商主体。①

过去我们一直按照行业标准、经费来源标准以及职能标准对事业单位进行分类，但是随着社会经济的发展和客观条件的变化，这一分类标准已不具有成为下一步事业单位改革指导性准绳的意义了。这些传统的分类方法难以将政府在不同经济性质的服务中所承担的角色区分开来，也无力考虑不同部门的多样性。而按照法学的方法对事业单位进行科学规范的分类，对中国事业单位走向规范将起到重要的作用。从法学视角看：中国目前存在的事业单位法人组织，包括享有公权力的公法人、承担公益职能的公法人、商法人性质的私法人几种类型。笔者认为，这样的分类方法可以作为事业单位法

---

① 景朝阳：《事业单位法人面临五大法律问题》，《检察日报》2005 年 11 月 26 日，第 3 版。

人制度改革的一个考量基点。① 其中，公益事业单位法人是事业单位的主体，也是最值得学界研究关注和国家重视的社会组织类型。

二　按照行业标准对事业单位的分类

一个很有意思的事实是：传统的事业单位是根据行业性质形成的组织类型，一个社会组织是否为事业单位，很长时间在很大程度上是根据其所属行业来判断的，如果某一行业属于非物质生产领域，那么该行业就是事业。比如 1963 年的《国务院关于编制管理的暂行办法（草案）》是这样定义事业单位的："事业单位为国家创造或者改善生产条件，促进社会福利，满足人民文化、教育、卫生等需要，其经费由国家事业费开支的单位。"事业单位从事的业务大部分从属于某个行业，各行业都有各自的特点、运行规律和制度差异。《国民经济行业分类》将事业单位分为教育、科研设计、医疗卫生、体育、文化艺术、新闻出版广播电视、农林水、城市公用、交通、社会福利、机关附属、社会中介 12 大类 100 多个小类。笔者认为，不能理解为凡是从事这些行业的主体就是事业单位，只有国家举办的、占用事业单位编制的机构才构成事业单位。

这种分类模式在计划经济时代公共服务提供主体一元化的背景下是有道理的。然而在改革开放以后，原来事业单位所属的科学研究、教育、文化、卫生等领域内都出现了多元主体举办的格局。因

---

① 金锦萍博士在事业单位分类问题上认为，具有行政管理职能的事业单位属于公法人范畴；事业单位法人中实行企业化管理的法人归于社团法人中的营利法人；非以营利为目的也非以公益为目的的事业单位法人构成财团法人。前两种分类笔者同意，但是最后一种分类笔者不同意，因为没有足够细致的区分。金锦萍：《非营利法人治理结构研究》，北京大学出版社，2005，第 30 页。

而，仅仅以行业标准对事业单位进行分类甚至直接定义就显得简单化和形式化了，而且与目前的情形大相径庭：按照现在的法律，有大量的非事业单位的企业适应社会的需求存在于教育、科研、文化、卫生等领域，为社会提供相应的服务。①

现在看来，传统的以行业标准认定事业单位并基于此进行分类

---

①　例如，2005 年 4 月 13 日，国务院下发《国务院关于非公有资本进入文化产业的若干决定》（国发〔2005〕10 号）文件，鼓励和支持非公有资本进入许可的文化领域。原文如下："各省、自治区、直辖市人民政府，国务院各部委、各直属机构：为大力发展社会主义先进文化，充分调动全社会参与文化建设的积极性，进一步引导和规范非公有资本进入文化产业，逐步形成以公有制为主体、多种所有制经济共同发展的文化产业格局，提高我国文化产业的整体实力和竞争力，现就有关问题作出如下决定：一、鼓励和支持非公有资本进入以下领域：文艺表演团体、演出场所、博物馆和展览馆、互联网上网服务营业场所、艺术教育与培训、文化艺术中介、旅游文化服务、文化娱乐、艺术品经营、动漫和网络游戏、广告、电影电视剧制作发行、广播影视技术开发运用、电影院和电影院线、农村电影放映、书报刊分销、音像制品分销、包装装潢印刷品印刷等。二、鼓励和支持非公有资本从事文化产品和文化服务出口业务。三、鼓励和支持非公有资本参与文艺表演团体、演出场所等国有文化单位的公司制改建，非公有资本可以控股。四、允许非公有资本进入出版物印刷、可录类光盘生产、只读类光盘复制等文化行业和领域。五、非公有资本可以投资参股下列领域国有文化企业：出版物印刷、发行，新闻出版单位的广告、发行，广播电台和电视台的音乐、科技、体育、娱乐方面的节目制作，电影制作发行放映。上述文化企业国有资本必须控股 51% 以上。六、非公有资本可以建设和经营有线电视接入网，参与有线电视接收端数字化改造，从事上述业务的文化企业国有资本必须控股 51% 以上。非公有资本可以控股从事有线电视接入网社区部分业务的企业。七、非公有资本可以开办户外、楼宇内、交通工具内、店堂等显示屏广告业务，可以在符合条件的宾馆饭店内提供广播电视视频节目点播服务。有关部门要严格资质认定，明确经营范围，加强日常监管。八、非公有资本进入文化产业按现行有关规定管理，其中第五条、第六条、第七条规定的事项还须经有关行政主管部门批准。有关投资项目的审批或核准，按照《国务院关于投资体制改革的决定》（国发〔2004〕20 号）的规定办理。要严格审批程序，完善审批办法，规范文化产业发展，保护企业合法权益，取缔违法违规经营。非公有制文化企业在项目审批、资质认定、融资等方面与国有文化企业享受同等待遇。九、非公有资本不得投资设立和经营通讯社、报刊社、出版社、广播电台（站）、电视台（站）、广播电视发射台（站）、转播台（站）、广播电视卫星、卫星上行站和收转站、微波站、监测台（站）、有线电视传输骨干网等；不得利用信息网络开展视听节目服务以及新闻网站等业务；不得经营报刊版面、广播电视频率频道和时段栏目；不得从事书报刊、影视片、音像制品成品等文化产品进口业务；不得进入国有文物博物馆。十、文化部、广电总局、新闻出版总署根据本决定，制定具体实施办法，明确国家鼓励、允许、限制和禁止投资的产业目录，引导非公有制文化企业持续快速健康发展。各地区、各部门要依法清理和修订与本决定相抵触的规定。外资进入文化产业依照有关法律法规的规定执行。"

的方法存在很多弊端，不适应社会主义市场经济体制对事业单位发展的要求。

一是不能够清晰表达事业单位的法律特征。对事业单位的分类应有助于揭示各类事业单位的职能和特征，以便于分别对其采用不同的法律规制方法。而行业分类法不但常常起不到这些作用，甚至还掩盖了事业单位职能和特征的差异。原因在于：行业分类法是计划经济的产物，它对事业单位类别的划分，有的比较笼统，有的比较模糊。它不能说明同是事业单位为什么有的使用财政拨款、有的则实行自收自支或企业化管理；也不能说明同是事业单位为什么有的承担行政执法职能，有的则承担发展社会公益事业或开发经营的职能。这些弊端决定了行业分类法不适应机构编制日常管理的需要。

二是不能体现出事业单位的固有法律性质。自社会主义市场经济体制确立以来，中国的事业单位发生了很大变化。事业单位在财务管理体制、人员编制等方面都进行了改革。如果再按照传统的行业分类方法，很难揭示这些事业单位的法律性质。以文化艺术行业为例，既有完全按照企业化方式运作可以视为商主体的各类影视剧院、俱乐部机构；又有通过向社会提供服务，取得部分或全部经费补偿的文艺演出团体等机构；也有公益性较强可以视为公益法人的图书馆、博物馆等机构；还有担负文化普及任务的群众艺术馆、文化馆等机构。这些单位在经费管理形式、行为方式上有很大差异，但是行业分类法将它们都归入文化艺术类事业单位，没有完全揭示出这类事业单位的特殊属性。总之，简单地以行业决定是否为事业单位以及基于此标准的分类模式，不是一种科学合理的法律规制手段。

三是以行业标准对事业单位进行分类不周延。应该看到，除了传统的科、教、文、卫等行业以外，现实存在的事业单位的范围要广泛得多。[①] 还有一类比较特殊的事业单位，比如山西引黄工程管理局、三峡工程管理局，这些机构也被赋予事业单位的属性，然而这些机构并不属于传统的事业单位领域，而是属于其他行业，但是这些领域事业单位的行业分类不能被包括在内。总之，以行业标准对事业单位进行分类并不科学，当然也不宜作为未来事业单位法人分类改革的尺度。

三　按照经费来源对事业单位的分类

中国事业单位长时间实行统收统支的财务管理制度。改革开放之后，事业单位的经费来源发生变化：对于没有稳定的经常性业务收入或收入较少的事业单位，实行全额拨款；对于有一定数量的稳定的经常性业务收入，但还不足以解决本单位的经常性支出，需要财政补助的事业单位，实行差额拨款；对于有稳定的经常性收入，可以解决本单位的经常性支出，但尚未具备实行企业化管理条件的事业单位，实行自收自支。

1993 年《国务院关于机关和事业单位工作人员工资制度改革问题的通知》[②] 第 2 条规定："根据事业单位特点和经费来源的不同，对全额拨款、差额拨款、自收自支三种不同类型的事业单位，实行不同的管理办法。"把事业单位分为全额拨款、差额拨款、自

[①]　宋大涵：《事业单位改革与发展》，中国法制出版社，2003，第 56 页。

[②]　《国务院关于机关和事业单位工作人员工资制度改革问题的通知》（国发〔1993〕79号）。

收自支三种不同类型。①

1996 年 10 月国务院批准公布了《事业单位财务规则》，规定："国家对事业单位实行核定收支、定额或者定项补助、超支不补、结余留用的管理办法。定额或者定项补助根据事业特点、事业发展计划、事业单位收支状况以及国家财政政策或财力可能确定，定额或者定项补助可以为零。"这其实并没有改变政府与事业单位的财政关系：全额补助等于全额拨款，有定额或者定项补助等于差额拨款，定额或者定项补助为零等于自收自支。其中，自收自支事业单位当中的一部分，可以实行企业化管理，其经营管理制度按照企业有关制度执行。在一些地方还有所谓通过"政策性收费"实现自收自支的事业单位。

事业单位按经费来源进行分类，其特点是形式简单清晰，管理方式简便易行，便于与财政、人事、社会保障等部门相互协调。这种分类方式，是目前我们在机构编制日常管理活动中，用得最多、最广的一种。对于加强机构编制与人员管理、控制财政经费增长、促进事业单位发展等有重要的作用。

然而，基于经费来源标准的分类方法并不具有法学上的意义。我们可以深入分析：国家为什么要对一些机构全额拨款，为什么要对一

---

① 其中全额拨款事业单位包括：高等学校、中等专业学校、技工学校、干部培训学校、中小学校、特殊教育学校、社会科学研究机构、自然科学研究机构、博物馆、群众艺术馆、图书馆、档案馆、纪念馆、烈士陵园、文化站、广播电台、电视台、转播台、卫生防疫站、卫生检疫、药品检验机构、计划生育机构、体育专业运动队、农业技术服务机构、自然保护区、水文防汛机构、离退休干部服务机构、社会福利院、养老院、环卫站、史志办、专利管理机构、测绘机构、机关后勤服务中心。差额拨款事业单位包括：机关直属幼儿园、艺术表演团体、艺术辅导团、文化宫、医院、体育场（馆）、林场、种畜场、公园、动物园、水产养殖试验场、小水电管理等。自收自支事业单位包括：培训中心、报社、杂志社、出版社、有奖募捐机构、福利工厂、商标事务所、信息咨询服务机构、公路运输管理机构、机关印刷厂、机关招待所、水库管理处等。参见《事业单位法定代表人知识读本》，广西人民出版社，2003。

些机构差额拨款，为什么要让一些机构进行自收自支。标准仅仅是该机构的经营能力吗？倘如此，不就是丝毫不考虑公共利益要素，一味以经济指标为基准了吗？而以经济指标作为统一的划分标准的话，其实已经是比照企业，也就是商主体的标准要求了。因此，按照经费来源对事业单位进行分类存在不足，一是分类不够科学，二是划分拨款形式的依据合理性、科学性不足——这是长时间以来我们的一个认识误区。从这种分类中我们也可以看出源于计划经济时代的事业单位制度在市场经济的条件下面临着种种制度尴尬。

试想如果补助为零而要维持机构的生存，只有两种方法：要么靠政府给政策或者权力获得缺乏正当性的收入，要么完全按照企业化方式来运营。如果属于前者，则明显违背公共权力不得被商业化利用的法理，造成事实上的公开寻租行为，堂而皇之地"开展经营行为"，小单位、小部门的人大发其财[①]；如果属于后者，那么为什么不完全按照企业化的方式运作呢？为什么要披上"事业单位"的美丽外衣呢？这样一来，此类机构在税法、反不正当竞争法的适用上都处于说不清的浑浊状态，在制度的空隙中寻找营利的空间。可以想见这样的事业单位制度安排，难以发挥事业单位对社会经济发展的作用。

四　按照承担职能对事业单位的分类

"从理论上说，事业单位承担的是政府职能，政府为履行向社会

---

① 笔者从侧面了解到一个省人事厅考试中心的收入来源五花八门，如报名费、培训费、证照费、考试费等，一个不到十个人的处室一年的小金库可高达上千万元人民币。再如，有些机关看到利用公权力营利的低成本性和暴利性，挖空心思利用这方面制度的缺陷开发一些"资格考试"，浪费了大量的社会资源。

提供公共服务的职能，依据技术分权原则将直接提供公共服务的活动转移到国家举办的事业单位，由其按照专业化的原则相对独立地组织事业服务与产品的提供。"① 但是，按照行业的分类方法或者按照拨款形式的分类方法都不能对事业单位进行准确的界定和分类。20 世纪 90 年代以后，理论界和实务界开始探讨从职能角度对事业单位进行分类。笔者认为，从事业单位的职能角度对其进行分类，是事业单位走向制度法律技术化的一个表现。而且，"从总的趋势看，依据事业单位职能进行分类得到多数人的赞同"。②

20 世纪 90 年代初，中央机构编制管理部门按照社会功能对事业单位进行过分类：一是公益性事业单位、福利性事业单位（占 70%），二是生产经营性或开发性事业单位（占 25%），三是其他类事业单位（含行政延伸性、机关附属性事业单位）。③ 但是这种分类的依据仅仅是服务对象，尚未体系化地建立以职能为基础的事业单位分类框架。

20 世纪 90 年代后期，按照职能对事业单位进行分类的研究逐步深入，并且反映在中央和地方的一些相关事业单位规范性文件中。如西宁市基本上按职能对事业单位进行分类，包括行政管理型、社会公益型、公益兼经营型、机关后勤服务型四类。浙江省实施事业单位分类改革，分为四类事业单位：监督管理类、社会公益类、生产经营类、中介服务类。

① 赵立波：《事业单位改革——公共事业发展新机制探析》，山东人民出版社，2003，第 189 页。
② 赵立波：《事业单位改革——公共事业发展新机制探析》，山东人民出版社，2003，第 190 页。
③ 中央机构编制委员会办公室：《中国行政改革大趋势》，经济科学出版社，1993，第 500 页。

2001 年，中央编制办公室专门组织了"事业单位分类改革和分类管理调研组"设计新的分类体系：一类为承担政府行政行为或为政府行政行为提供保障的单位（可称为行政保障类）；二类为承担国家交办的发展公益事业或准公益事业、基础性任务，面向社会提供服务的单位（可称为公益类）；三类为从事有偿性经营服务、具有自我发展能力、有稳定收入来源的单位（可称为经营类）。中央编办的张雅林博士提出根据目前事业单位在我国政治、经济和社会生活中的不同功能，在机构编制上将事业单位分为三种类型：行政执行类、社会公益类和生产经营类。不同类型的事业单位承担不同性质的任务，实施不同的改革思路，并具有不同的经费供给渠道，以及财务、人事和社会保障等方面的管理体制和运行机制。[①]关于按照职能对事业单位的分类，理论界和实务界就以下问题达成了基本一致的看法：公益类是事业单位的主体，是符合事业单位功能定位、自身性质的一类，这类事业单位主要承担国家交办的发展公益事业的任务，面向社会提供普遍服务；行政执行类事业单位是依据国家法律、法规的规定，受政府委托承担具体行政行为或者提供支持、保障、参谋、咨询等服务的机构，包括证券监管机构、保险监管机构、电力监管机构、银行业监管机构、认证认可监管机构、标准管理机构、党校（行政学院）、政策研究机构、环境工程质量监理、基层计划生育所等；生产经营性的事业单位，是指公益性不强或者不具有公益性特点，提供专业性服务的机构，比如机关后勤服务机构、节目制作机构、体育俱乐部、出版社等。

---

① 张雅林：《中国事业单位改革和管理体制创新研究》，博士学位论文，北京大学，2002。

五 分类规范事业单位的制度选择

国家在不同历史时期，对事业单位进行的若干种分类及相关政策，较好地适应了当时经济和社会发展的需要。但是，随着社会主义市场经济体制的确立和各项改革的深入，这些分类方法的局限性也逐步显现，因此，有必要对事业单位进行重新分类，以适应社会主义市场经济的新形势。前文对事业单位的各种分类方法，虽然从行业属性、经费来源、职能等角度来说各有意义，但是应该说都存在法律上不严谨的地方，不能完全准确描述各种类型事业单位组织的法律特征，故而不具有立法技术的意义。笔者通过研究认为，从法律角度看，有六种主体模式可作为目前中国存在的事业单位分类改革的制度选择：一是执行公权力的公法人，二是承担公益职能的公法人财团，三是承担公益职能的公法人社团，四是承担公益职能的公益性公司，五是由非国有社会力量举办的提供某种公共服务的民办非企业单位，六是商事主体性质的商事法人。[①] 这种建立在法学理论和立法技术基础上的事业单位分类模式，有助于构建新型公共服务主体体系，并为正在进行的事业单位改革提供法律技术层面的具有建设性的制度选择。

---

① 金锦萍博士在事业单位分类问题上认为，具有行政管理职能的事业单位属于公法人范畴；事业单位法人中实行企业化管理的法人归于社团法人中的营利法人；非以营利为目的也非以公益为目的的事业单位法人构成财团法人。前两种分类笔者同意，但是最后一种分类笔者不同意，因为没有足够细致的区分。参见金锦萍《非营利法人治理结构研究》，北京大学出版社，2005，第30页。

（一）事业单位分类规范的制度选择之一：执行公权力的公法人

在现存的事业单位法人范围内，有相当大一部分事业单位虽然实际上与公权力机关没有什么差异，但是在编制上叫作事业单位，在法律地位上也只能属于《民法通则》中规定的事业单位法人，而不属于机关法人。大量事业单位代行部分政府职能，造成政府机构膨胀，财政负担加重。① 这是中国目前法人分类中一个独特的现象。

执行公共权力的事业单位是指依法享有和行使公权力并占用事业单位编制的机构。例如各地工商行政管理局下属的基层工商行政管理所，行使行政职权，但是其人员在很长期间内占用事业单位编制，单位被作为事业单位来看待。② 中国专利局在 1994～1998 年属于国务院直属事业单位，而 1998 年国务院机构改革后又并入国家知识产权局，成为行政机关。中国地震局及其地方机构是管理全国地震工作、经国务院授权承担《中华人民共和国防震减灾法》赋予的行政执法职责的国务院直属事业单位。③ 由此可见，中国地震局是一个执行行政执法职责的国务院直属事业单位，是一个不折不扣地履行公权力的公法人。中国气象局是国务院直属事业单位，它的前身是中央军委气象局，成立于 1949 年 12 月。1994 年由国务院直属机构改为国务院直属事业单位后，经国务院授权，承担全

---

① 中国改革杂志社《事业单位改革与市场规范竞争研讨会》2004 年 4 月 24 日会议资料。
② 一直到 1996 年才根据中央机构编制委员会办公室、人事国家工商行政管理局《关于重新核定工商行政管理所人员编制及有关问题的通知》全部转为行政编制。
③ 中国地震局官方网站，http://www.cea.gov.cn/cea/jgsz/jgjj/index.asp。

国气象工作的政府行政管理职能，负责全国气象工作的组织管理。根据法定职责可以判断，中国气象局也是享有和执行特定公权力的公法人。

中国银行业监督管理委员会及其地方机构是事业单位，主要职责包括：制定有关银行业金融机构监管的规章制度和办法；审批银行业金融机构及分支机构的设立、变更、终止及其业务范围；对银行业金融机构实行现场和非现场监管，依法对违法违规行为进行查处；审查银行业金融机构高级管理人员任职资格；负责统一编制全国银行数据、报表，并按照国家有关规定予以公布；会同有关部门提出存款类金融机构紧急风险处置意见和建议；负责国有重点银行业金融机构监事会的日常管理工作；承办国务院交办的其他事项。① 银监会监管工作的目的是：通过审慎有效的监管，保护广大存款人和消费者的利益；通过审慎有效的监管，增进市场信心；通过宣传教育工作和相关信息披露，增进公众对现代金融的了解；努力减少金融犯罪。可见，银监会可以归为执行公权力的公法人。

中国证券监督管理委员会为国务院直属副部级事业单位，是国务院证券委的监管执行机构，依照法律、法规的规定，对证券期货市场进行监管。1997 年 8 月，国务院决定，将上海、深圳证券交易所统一划归中国证监会监管。1998 年 4 月，根据国务院机构改革方案，国务院证券委与中国证监会合并组成国务院直属正部级事业单位。1998 年 9 月，国务院批准了《中国证券监督管理委员会职能配置、内设机构和人员编制规定》，进一步明确中国证监会为国务院直

---

① 参见中国银监会网站，http://www.cbrc.gov.cn/mod_cn01/jsp/cn010001.jsp。

属事业单位，是全国证券期货市场的主管部门。中国证监会的基本职能表明它不是一个市场主体或者公益性机构，中国证监会虽然占用事业单位编制，但它是一个执行公权力的公法人。

中国保险监督管理委员会于 1998 年 11 月 18 日成立，是全国商业保险的主管部门，为国务院直属正部级事业单位，根据国务院授权履行行政管理职能，依照法律、法规统一监督管理全国保险市场，维护保险业的合法、稳健运行。其主要职责为：拟订保险业发展的方针政策，制定行业发展战略和规划，起草保险业监管的法律、法规，制定业内规章；审批保险公司及其分支机构、保险集团公司、保险控股公司的设立，会同有关部门审批保险资产管理公司的设立，审批境外保险机构代表处的设立，审批保险代理公司、保险经纪公司、保险公估公司等保险中介机构及其分支机构的设立；审批境内保险机构和非保险机构在境外设立保险机构；审批保险机构的合并、分立、变更、解散，决定接管和指定接受；等等。可见，中国保监会也属于执行公权力的法人。

2002 年 3 月，中央决定设立国家电力监管委员会。2003 年 2 月，国务院批准了《国家电力监管委员会职能配置内设机构和人员编制规定》，明确了国家电监会的主要职能和机构编制，根据国务院授权行使行政执法职能，依照法律、法规统一履行全国电力监管职责。[①] 负责全国电力监管工作，建立统一的电力监管体系，对国家电力监管委员会的派出机构实行垂直领导；研究提出电力监管法律法规的制定或修改建议，制定电力监管规章，制定电力市场运行规则；参与国家电力发展规划的制定，拟定电力市场发展规划和区域电力

---

① 《证券时报》2003 年 3 月 26 日，第 10 版。

市场设置方案，审定电力市场运营模式和电力调度交易机构设立方案；监管电力市场运行，规范电力市场秩序，维护公平竞争；监管输电、供电和非竞争性发电业务；参与电力技术、安全、定额和质量标准的制定并监督检查，颁发和管理电力业务许可证，协同环保部门对电力行业执行环保政策、法规和标准的情况进行监督检查；根据市场情况，向政府价格主管部门提出调整电价建议；监督检查有关电价；监管各项辅助服务收费标准；依法对电力市场、电力企业违法违规行为进行调查，处理电力市场纠纷；负责监督电力社会普遍服务政策的实施，研究提出调整电力社会普遍服务政策的建议；负责电力市场统计和信息发布；按照国务院的部署，组织实施电力体制改革方案，提出深化改革的建议；承办国务院交办的其他事项。① 从其职责中我们同样可以看出，国家电力监管委员会是一个纯粹的执行公权力的法人。

为什么要把上述执行公权力的单位作为"事业单位"而不是行政机关呢？② 以国务院直属事业单位③中的公权力法人为例，《中华人民共和国国务院组织法》第 8 条规定："国务院各部、各委员会的设立、撤销或者合并，经总理提出，由全国人民代表大会决定；在全国人民代表大会闭会期间，由全国人民代表大会常务委员会决定。"根据这条规定，设立部、委的程序较多，周期也较长。但是该法第 11 条又授权国务院可以设立若干直属机构，从而避开了第 8 条

---

① 国家电监会网站，http://www.serc.gov.cn/opencms/export/serc/government/index.html。

② 有的人是这样看的：有的行政部门用事业编制和事业经费干行政部门的工作，主要是因为行政编制紧，事业编制松，这是为表面减少行政编制而特意划定的，要以事业单位的名义从国家财政得到资金。参见刘运珍主编《事业机构编制管理与改革》，河南人民出版社，1993，第 45 页。如果这是一个主要原因，则这种做法无异于掩耳盗铃。

③ 国务院直属事业单位包括中国地震局、中国气象局、中国银行业监督管理委员会、中国证券监督管理委员会、中国保险监督管理委员会、国家自然科学基金委员会。

的严苛束缚："国务院可以根据工作需要和精简的原则，设立若干直属机构主管各项专门业务，设立若干办事机构协助总理办理专门事项。每个机构设负责人二至五个。"这样，中国证监会、中国银监会、中国保监会等机构就成为国务院直属事业单位，并根据授权享有特定的公权力。

上述公法人性质的事业单位在《民法通则》的法人分类模式下，归于事业单位法人，而实质上属于执行公权力的公法人。在未来的中国民法典的法人分类体系中，笔者建议将此类仅仅在编制上属于事业单位实质上属于公权力机构的事业单位定性为公法人。

（二）事业单位分类规范的制度选择之二：公益性公法人财团

本书所指的公益性公法人财团，是指符合国家出于特定的公益目的而出资设立的财团性质的法人机构。公法人财团有三个特征：一是由国家或者政府出资举办，并由公共财政资金提供运营经费；二是公法人财团的目的是针对不特定社会公众提供特定的公益目的；三是公法人财团的高层管理者属于国家公职人员，全部由国家或者政府任命。

在笔者看来，我国目前的公法人财团有全国社会保障基金理事会、国家自然科学基金委员会等。这些机构现在全部被赋予事业单位法人的法律地位。但是在未来的民法典的法人分类体系里面，这些机构应该属于公法人中的财团法人类别，服务于特定的社会公益目的。下文对几个典型的公益性法人财团做简要分析。

1. 全国社会保障基金理事会

2000 年 8 月，党中央、国务院决定建立"全国社会保障基金"，同时设立"全国社会保障基金理事会"，负责管理运营全国社会保障基金。全国社会保障基金是中央政府集中的社会保障资金，是国家重要的战略储备，主要为满足今后人口老龄化高峰时期的社会保障需要。根据 2001 年 12 月 13 日公布的《全国社会保障基金投资管理暂行办法》，全国社会保障基金的来源包括：中央财政预算拨款；国有股减持划入资金；经国务院批准的以其他方式筹集的资金；投资收益；股权资产。

全国社会保障基金理事会为国务院直属正部级事业单位，是负责管理运营全国社会保障基金的独立法人机构，其主要职责是管理中央财政拨入的资金、减持国有股所获资金及其他方式筹集的资金；制定全国社会保障基金的投资经营策略并组织实施；选择并委托全国社会保障基金投资管理人、托管人，对全国社会保障基金资产进行投资运作和托管，对投资运作和托管情况进行检查；在规定的范围内对全国社会保障基金资产进行直接投资运作；负责全国社会保障基金的财务管理与会计核算，定期编制财务会计报表，起草财务会计报告；定期向社会公布全国社会保障基金的资产、收益、现金流量等财务情况。根据财政部、劳动和社会保障部共同下达的指令和确定的方式拨出资金；承办国务院交办的其他事项。[1]

笔者认为，全国社会保障基金理事会具备公法人和财团法人的双重特征，属于公法人财团。王全兴教授和樊启荣教授也认为各种社会保障基金会都应当是具有财团法人和公法人资格的主体。[2]

---

[1] 参见全国社会保障基金理事会官方网站，http://www.ssf.gov.cn/web/Column.asp? ColumnId=1。

[2] 王全兴、樊启荣：《社会保障法的若干基本问题探讨（四）》，中国私法网，http://www.privatelaw.com.cn/new2004/shtml/20040518－172842.htm。

2. 国家自然科学基金委员会

国家自然科学基金委员会成立于 20 世纪 80 年代初，当时为推动我国科技体制改革，变革科研经费拨款方式，中国科学院 89 位院士（学部委员）致函党中央、国务院，建议设立面向全国的自然科学基金，得到党中央、国务院的首肯。随后，在邓小平同志的亲切关怀下，国务院于 1986 年 2 月 14 日批准成立国家自然科学基金委员会（简称"自然科学基金委"）。自然科学基金委被认定为管理国家自然科学基金的国务院直属事业单位。

自然科学基金委是管理国家自然科学基金的国务院直属事业单位，根据国家发展科学技术的方针、政策和规划，有效运用国家自然科学基金，支持基础研究、坚持自由探索、发挥导向作用、发现和培养科学技术人才，促进科学技术进步和经济社会协调发展。其职责是："制定和实施支持基础研究和培养科学技术人才的资助计划，受理项目申请，组织专家评审，管理资助项目，促进科研资源的有效配置，营造有利于创新的良好环境；协同国家科学技术行政主管部门制定国家发展基础研究的方针、政策和规划，为国家发展科学技术的重大问题提供咨询；受国务院及有关部门的委托开展相关工作，联合有关机构开展资助活动；同其他国家或地区的政府科学技术管理部门、资助机构和学术组织建立联系并开展国际合作；支持国内其他科学基金的工作；承办国务院交办的其他事项。"①

3. 国立科研机构和国立大学

笔者认为，依靠国家财政资金投资和运营的国立科研机构、国立大学属于公法人财团。例如 1949 年 11 月 1 日成立的中国科学院，

① 国家自然科学基金委员会，http://www.nsfc.gov.cn/nsfc/cen/jgzn/index.htm。

是国家科学技术方面最高学术机构和全国自然科学与高新技术综合研究发展中心。中国社会科学院、国务院发展研究中心、国家部委直属的和地方政府投资兴办的大学、科研机构等公益性机构都属于公法人财团。除了国务院直属事业单位以外，各部委还设立了为数不少的公益性事业单位。[①] 比如，国家发展和改革委国防动员研究发展中心是国家发展改革委直属事业单位。国务院国资委直属事业单位有：信息中心、经济研究中心、培训中心、监事会工作技术研究中心、中国经济出版社。其他部委也有数量不等的类似机构。[②]

（三）事业单位分类规范的制度选择之三：公益性公法人社团

公益性公法人社团在中国是客观存在的一种社会组织，他们一般也被认为是事业单位，从法学的眼光看属于公法人社团。这些机构虽然是社会团体，但是其经费全部或者主要由公共财政负责，以特定的公共服务为社团宗旨。比如《中华全国妇女联合会章程》第33条规定："妇女联合会的行政经费、业务活动和事业发展经费，主要由政府拨款，列入各级财政预算。"因此可以称得上公法人社团，服务于特定的社会公共目的。再如《中国作家协会章程》第29条规定："本会的经费来源：国家拨款；会员会费；本会举办各种文化企业、事业的收入；社会赞助。"[③] 可见，中国作协的最重要经费来源是国家拨款，它同时具备社会团体的特征，系公法人社团。笔

---

① 当然，这类部委设立的事业单位是怎样获得批准的，是一个有待研究的问题。笔者认为，事业单位关系到公共预算，应该由代议机关全国人民代表大会讨论通过才可以设立。否则这样一直自由设立，由于新增事业单位可以为本单位增加实实在在的福利（例如安排退休领导，增加本单位收入，解决本单位子女就业问题，利用本单位资源进行营利性活动等），势必导致滥设事业单位。

② 可参见中国政府网站的相关链接。

③ 参见中国作协网站。

者认为，中央机构编制管理部门直接管理机构编制的 21 个群众团体机关都属于公益性公法人社团。分别是：中华全国总工会[①]、中国共产主义青年团中央委员会、中华全国妇女联合会、中国文学艺术界联合会、中国作家协会、中国科学技术协会、中华全国归国华侨联合会、中国法学会、中国人民对外友好协会、中华全国新闻工作者协会、中华全国台湾同胞联谊会、中国国际贸易促进委员会、中国残疾人联合会、中国红十字会总会、中国人民外交学会、宋庆龄基金会、黄埔军校同学会、欧美同学会、中国职工思想政治工作研究会、中华职业教育社、中华全国工商业联合会。

（四）事业单位分类规范的制度选择之四：公益性公司

所谓公益性公司是指采用公司组织形式而以公益性为目标的经济组织。在现代公司法中，只要为合法目的而存在，从事合法活动的组织，都可以采用公司形式，而不拘泥于组织是否具有营利属性。[②] 公益性公司正是在这样的理论背景和现实需要中进入人们的视野的。公益性公司是一种非营利公司。所谓非营利公司是"营利公司"的对称。公司的营利性，是指公司必须从事经营活动，其经营活动的目的在于获取利润，并把其分配给公司的投资人。公益性公司，是指从事艺术、慈善、宗教、科学、教育活动，以谋求社会公益利益为目的而成立的公司。该种公司不以营利为目的，其经营活动所得收益仍然用于非营利的公益事业，而不分配给公司成员。相

[①] 《工会法》第十四条规定：中华全国总工会、地方总工会、产业工会具有社会团体法人资格。基层工会组织具备民法通则规定的法人条件的，依法取得社会团体法人资格。

[②] 焦津洪：《有限责任与公司集团》，人大复印资料《工业经济》1994 年第 11 期，第 54 ~ 57 页。

当于大陆法系国家民法典规定的非营利社团法人。对其适用的法律有别于营利公司。依照美国非营利公司模范法，非营利公司不承担纳税义务。

公益性公司既具有公司的特点，也具有公益性的特点。公益性公司的目的是追求社会公益，而不是追求利润。涉及不特定多数人的利益。正如美国判例法所阐明的：只要行为后果涉及权利人之外的不特定多数人，就视为符合公益目的要求。另外，公益性公司虽不以营利为目的，但是它具有公司的外在特征，有自己的宗旨、组织机构、章程等。公益性企业由于与公众利益密切相关，在过去和政府的关系十分密切，同时这类企业（如自来水公司、天然气公司、邮政公司、供电公司等）又具有自然垄断性质。

世界上很多国家和地区都有明确的公益性公司的概念和制度。前南斯拉夫联盟《公司法》和《特殊公司法》对塞尔维亚和黑山公司按经营方式和权限范围实行分类管理。根据《公司法》，企业法人和自然人都可以在塞尔维亚和黑山开办经营类公司、公益类公司和公共类公司。其中，公益类公司从事社会公益事业范围内的经营活动，有义务为社会公益事业做贡献，同时享受国家在税收方面的政策优惠待遇。① 美国的非营利机构可以选择不同的组织形式，包括非营利公司、信托和未注册非营利公司的协会。非营利公司又有三种主要形式：公益性公司（Public Benefit Corporation）、互助性机构和宗教机构。其中，公益性公司必须到州检察官登记处进行非营利性公司登记注册。美国加州法律还规定在公益性公司工作的负责人，凡有利息收入的个人（interested persons）和他们的亲戚的比重不得

---

① 驻塞尔维亚和黑山经商参处：《塞黑公司法、公司类型及其特征》，http://yu.mof-com.gov.cn/aarticle/ddfg/qita/200304/20030400086166.html。

超过 49%，否则，也不予免税资格。① 《匈牙利公益组织法》（1998 年修正）第 2 条规定 "在匈牙利登记的下列组织可以成为公益组织：（一）除保险协会、政党、雇主利益团体和雇员利益团体以外的民间社团；（二）财团；（三）公法财团；（四）公益性公司；（五）行业公会，但是以规范其成立的法律许可为限"。《匈牙利公益组织法》（1998 年修正）第 16 条规定："I. 公益组织不得签发汇票或者其他构成信用工具的证券。II. 除了公益性公司外，公益组织：（一）不得为了发展商业活动而进行信用贷款并因此妨碍其公益活动的开展；（二）不得以从国家预算的细项中获得的资助为贷款作担保，或者用于清偿贷款。"② 德国有公益性股份有限公司，大约兴起于 20 世纪 90 年代，目前是公益性机构发展的主要方向，这种公司不以营利为目的，但可以盈利，公司盈利可投入新项目中去。其服务、经营范围更大，运行方式更为灵活，这种公司发展越完善，非营利机构对政府的依赖越小。③

目前理论界尚没有对我国公益性公司的类型做出界定，其在制度上也还没有被认可。笔者认为公益性公司可以成为中国事业单位改革的一个制度取向。公益性公司按照其在社会上的作用及作用方式可以分为四类。一是服务于特定科学、教育、文化、卫生等事业的公益性公司。二是关系到国防和国家安全等重要事宜的公益性公

① 杨团：《美国非营利机构管理》，中国社会学网，http://www.sociology.cass.net.cn/pws/yangtuan/grwj_yangtuan/shgzllyj/fzfzz/t20040818_2487.htm。

② 乔枫：《非营利组织主体立法比较》，香港中文大学网站，http://www.usc.cuhk.edu.hk/wk_wzdetails.asp? id=3076。

③ 《德国培训见闻》，http://hunan.caiep.org/events/content.php? id=4187。笔者认为，大学不是不可以举办商业性公司并营利，关键是利润不能作为福利分配给公立大学的职员和管理层，而只能用于特定的公益性活动。我国的许多知名大学、科研院所都办有自己的公司，这些公司本身有的财力雄厚。对此类公司的规范，应该参照上述建议，现今不规范的做法应该逐步得到纠正。

司，如兵器工业总公司、中国核工业建设集团。三是负责公益性项目建设的公司，如为环境保护、市政道路、水利设施、风沙治理等公用事业项目而设立的生态环境建设办公室，负责基础设施建设项目的北京市基础设施投资有限公司；公益性公司在一些地方已经发挥了重要作用。例如天津《关于扶持公益性再就业组织暂行规定的通知》中提到，公益性组织（公司）是指由市和区县政府组织，依托有关职能部门和工会组织、妇联组织、共青团组织建立，以政府开发购买的公益性岗位为基础，以安置大龄下岗失业人员为目的，以公共保卫、公共卫生保洁、公共环境绿化、公共设施维护、旧楼区物业管理、机关事业单位后勤社会化服务、社区劳动保障服务及其他公益性劳动等为主的独立法人实体。现在天津市已经成立了320多家公益性公司。① 四是关系到国计民生的基础类公益性公司，如自来水公司、天然气公司、邮政公司、供电公司。

政府可以对公益性公司采取一些特殊的制度。一是公益性企业服务价格听证制度。对公益性企业的商品、服务价格实行听证会制度，既防止企业获取超额垄断利润，又防止政府机关借价格审批形成腐败。过去政府主要对公益性企业提供的商品售价进行听证（如我国相当多省市对自来水价格、电价、天然气价格进行听证），今后政府必须同时重视对公益性企业服务规范和服务价格进行听证。政府要加强对公益性资产的监管和审计，防止与此相关的企业违规用资，以防国有资产流失。② 二是对公益性公司给予税收上的优惠。由于公益性公司不是以营利为目的的，所以对公益性公司，尤其是纯

---

① 《天津出台扶持公益性再就业组织暂行规定》，中国网，http://www.china.org.cn/chinese/difang/460453.htm。

② 刘正安：《社会公益性企业发展现状及对策》，《渭南师范学院学报》2003年第3期。

粹为了解决社会问题的公益性公司在税收和其他资金方面都应给予极大的支持。如天津市成立的公益性公司全部被认定为服务型企业，3 年内免征企业应缴的营业税、城市维护建设税、教育费附加和企业所得税。安置的下岗失业人员保持在 30% 以上或安置下岗失业人员占全部从业人员 60% 以上的，两年内缴纳的营业税和企业所得税予以返还。[①] 在公司开办费上也给予了大力的支持。吸收下岗失业人员达到 50 人的，给 15 万元的开办费。为每一个人每月支付 150 元的工资补贴，同时给予医疗、养老、失业三项保险补贴。[②]

（五）事业单位分类规范的制度选择之五：民办非企业单位

1. 民办非企业单位的概念和特征

民办非企业单位，顾名思义就是一种非营利性的民间组织。国外没有民办非企业单位的概念，大陆法系国家的财团法人类似我国的民办非企业单位。它与社会团体、事业单位共同构成了我国非营利性组织体系。从法律概念上讲，民办非企业单位是指民间力量利用民间资金举办、为社会提供公益服务的非营利性实体组织。民办非企业单位的非营利性与企业的营利性的根本区别主要在于因两类组织的创办动机不同，而引发两类组织的行为目的和行为结果的不同。企业以追求投资利润最大化为根本目的，民办非企业单位则以发展社会事业、推动社会文明与进步为己任。[③]

《民办非企业单位登记管理暂行条例》第 2 条将民办非企业单位

---

① 《天津出台扶持公益性再就业组织暂行规定》，中国网，http://www.china.org.cn/chinese/difang/460453.htm。

② 《劳动和社会保障局办复建议提案》，http://big5.tj.gov.cn：8080/taya/act.nsf/showit?openform&unid=6464966E08D233AE48257047001ADFE9）。

③ 李崇义：《关于民办非企业单位立法的思考》，《中国民政》2003 年第 9 期。

定义为："企业事业单位、社会团体和其他社会力量以及公民个人利用非国有资产举办的，从事非营利性社会服务活动的社会组织。"在笔者看来，所谓"民办非企业单位"这个概念缺乏科学性，不能准确界定其内涵和外延。这也反映出现行制度的尴尬。这类组织主要分布在教育、科研、文化、卫生、体育、交通、信息咨询、知识产权、法律服务、社会福利事业及经济监督事业等领域，例如民办大学、民办康复中心、民办图书馆、民办研究所、民办婚姻介绍所、民办法律援助中心、民办体育场等。那么，这类机构是不是事业单位呢？有的学者认为是事业单位，笔者认为不是。因为1998年国务院颁布的《事业单位登记管理暂行条例》第2条规定："事业单位是指国家为了社会公益事业目的，由国家机关或者其他组织利用国有资产举办的，从事教育、科技、文化、卫生等活动的社会服务组织。"可见，利用民间资金举办的民办非企业单位并不是制度框架内的"事业单位"。[①]

"民办非企业单位"一词最早出现在中共中央办公厅印发的《关于加强社会团体和民办非企业单位管理工作的通知》（中办发〔1996〕22号）中。根据有关政府官员的解释或有关规定，民办非企业单位"就是过去习惯讲的民办事业单位"[②]，或"非国有事业单位"[③]。1996年7月《中共中央办公厅、国务院办公厅关于印发〈中共中央机构编制委员会关于事业单位机构改革若干问题的意见〉的

---

① 景朝阳：《事业单位法人制度改革的五大法律问题》，《检察日报》2005年11月28日，第3版。

② 宋大涵：《在宣传、贯彻〈社会团体登记管理条例〉〈民办非企业单位登记管理暂行条例〉〈事业单位登记管理暂行条例〉新闻发布会上的讲话》，《〈社会团体登记管理条例〉、〈民办非企业单位登记管理暂行条例〉释义》，中国社会出版社，1999，第5页。

③ 《事业单位财务规则》（1996年10月22日财政部发布）第44条。

通知》（中办发〔1996〕17 号）指出，要推进事业单位的社会化，要加强对民办事业单位的管理，要制定有关政策法规，有领导、有计划、有步骤地发展适宜民办的事业单位。文件中的民办非企业单位就是指以前的民办事业单位。1998 年 10 月国务院发布的《非企业单位登记管理暂行条例》，首次明确了民办非企业单位作为一类社会组织的法律地位。①

根据一些学者的概括，民办非企业单位的特点有：民间性、社会性、非营利性、独立性和实体性。民间性是指民办非企业单位是由企业事业单位、社会团体和其他社会力量以及公民个人举办的，而不是由政府或者政府部门举办的。其中，企业包括所有以营利为目的的、在工商管理机关登记注册的公司、合伙企业、个体企业等各类企业；事业单位是指国家出于社会公益目的，由国家机关举办或者其他组织利用国有资产举办的，从事教育、科技、文化、卫生等活动的社会服务组织；社会团体是指由公民自愿组成，为实现会员的共同愿望，依法成立并按照其章程开展活动的非营利性社会组织。社会性是指民办非企业单位是利用非国有资产举办的，这是民办非企业单位与事业单位的一个重要区别。国有资产是指所有权属于国家的一切财产形式，而非国有资产是指国有资产以外的其他财产形式，可以是个人财产、集体所有财产，也可以是国外的财产。非营利性是指民办非企业单位提供的服务是非营利性的，这是其与企业的重要区别。民办非企业单位提供的服务具有社会公益事业的特点，是为了社会的公共利益和促进社会的进步，这一性质体现在民办非企业单位的目的和宗旨上，也体现在其财务管理与财产分配

① 赵泳、刘宁宁：《关于〈民办非企业单位登记管理暂行条例〉有关问题的初步思考》，http://www.mca.gov.cn/news/content/search/20041343855.html。

体制上。民办非企业单位的盈余与清算后的剩余财产只能用于社会公益事业，不得在成员中分配。[①] 独立性是指民办非企业单位自主决定人员聘用、业务活动，不需要机构编制管理部门核定编制。实体性是指民办非企业单位是由固定专业、固定场所和固定人员构成的一个单位实体。

按照《民办非企业单位登记暂行办法》第 4 条的相关规定，我国现有的民办非企业单位主要分布在教育、科研、文化、卫生、体育、新闻出版、交通、信息咨询、知识产权、法律服务、社会福利事业、经济监督等领域。其中，教育事业领域的民办非企业单位主要是指民办幼儿园、小学、中学、学院，民办培训中心等；卫生事业领域的民办非企业单位主要是指民办门诊部（所）、医院，民办康复、保健、卫生、疗养院（所）等；文化事业领域的民办非企业单位主要是指民办图书馆、博物馆、艺术馆、书画院、演出团体等；科研事业领域的民办非企业单位主要是指民办科研院所、研究中心、科技馆等；体育事业领域的民办非企业单位主要是指民办体育场馆、中心、俱乐部等；劳动保障事业领域的民办非企业单位是指民办职业培训学校或者中心、民办职业介绍所等；民政事业领域的民办非企业单位是指民办福利院、敬老院、老年福利机构，民办婚姻介绍所、民办社区服务中心（站）等；法律服务事业领域的民办非企业单位主要是指民办法律事务所，法律援助中心，合作、合伙律师事务所等。民办非企业单位的社会服务领域很广，而且还在扩大。

近年来，民办非企业单位以其自身的特质和创新、灵活、高效等优势在社会管理和服务中起到了越来越重要的作用。民办非企业

---

① 中国劳动力市场信息网，http://www.lm.gov.cn/gb/faqs/2004 - 05/26/content_33571.htm。

单位作为非营利性组织在促进社会整合、增进社会稳定、推动社会发展方面充当了政府的助手。从某种意义上说，它是政府功能的延伸。例如，各种学术研究性的民办非企业单位利用其专业优势，充当政府的"外脑"和智囊，为政府决策提供咨询，对政府决策产生重要影响，进而影响社会发展。[1] 例如北京天则经济研究所就是由著名经济学家茅于轼创办的一个在国内非常有影响力的民办研究所。

2. 民办非企业单位可以成为事业单位改革的一个方向

民办非企业单位在一定阶段可以成为特定的某些事业单位改革的一个方向。其实质为在保持原有事业单位的公益性质的基础上改变举办主体，也就是由国家举办变成由社会力量举办。民办非企业单位与事业单位的区别主要在于举办主体和资金来源不同。前者由企业事业单位、社会团体和其他社会力量以及公民个人利用非国有资产举办；后者由国家机关举办或其他社会组织利用国有资产举办。[2] 这是国家为了集中财力办好数量有限的公共服务事业单位，缩减事业单位规模，挖掘民间力量举办公益事业的一种制度创新。在财团法人制度、社团法人制度还没有被法律明文许可的情况下，民办非企业单位作为一种被政府肯认的主体制度，可以作为事业单位改革的一种制度选择。但是由于民办非企业单位本身不是一个法律技术概念，因而笔者预计这将是一种过渡性

---

[1] 谢玲丽主编《NGO 在中国——2002 年民间组织发展与管理上海国际研讨会论文集》，上海社会科学院出版社，2003，第 101 页。

[2] 民办非企业单位与企业的区别主要在于是否从事营利性活动。企业以营利为目的，利润可以分配，资产可以转让、出售；而民办非企业单位不以营利为目的，其收入只能用于章程规定的目的和社会公益服务事业，不得在成员中分配，注销时资产不得转让、私分；民办非企业单位与社会团体同属民间组织，但也有区别。社会团体是按照会员共同意愿集合而成的社会组织，根据章程开展活动；而民办非企业单位没有会员，而是有固定人员、固定专业和固定场所面向社会服务的实体。

的制度设计，如果民法典规定出既适合我国国情又贴近国际惯例的民事主体制度体系，那么民办非企业单位本身将被更为科学合理的概念所取代。

民办非企业单位是改革开放以后出现和迅速发展的新事物，而有关立法未能及时跟进，存在一些法律调整的空白。一是虽然国务院 1998 年制定了《民办非企业单位登记管理暂行条例》，但缺乏关于民办非企业单位的法律地位的基本规范，《民法通则》也未能涵盖民办非企业单位的基本问题。二是现有的法律、法规主要涉及民办非企业单位行政管理特别是登记管理方面的规范，对民办非企业单位民事关系调整极为薄弱，存在巨大的法律漏洞。如民办非企业单位的内部制度、财产关系等的民事问题，极少得到规范。① 三是现有的民办非企业单位法律规范，大量涉及公民、法人或其他组织的权利义务，但它们大多数是政府的规范性文件，层级较低，缺乏应有的法律效力。有的学者呼吁应当加紧制定作为基本法的《民办非企业单位法》，对民办非企业单位的基本问题，如民办非企业单位的设立、组织和活动、资产与财务管理、管理与监督、扶持与奖励、变更与终止以及违法者的法律责任等，做出明确的规定。并在有关立法中加强对民办非企业单位的调整，如在即将制定的民法典中丰富有关民办非企业单位的内容。另外，应在此基础上，尽快制定民办非企业单位登记管理和业务管理的正式行政法规和规章，逐步形成民办非企业单位的法律法规的基本框架。②

应该承认，我国的民办非企业单位客观上还存在一些问题：主

---

① 苏力、葛云松、张守文、高丙中：《规制与发展——第三部门的法律环境》，浙江人民出版社，1999，第 178 页。

② 任进：《民办非企业单位的若干法律问题》，《天津行政学院学报》2003 年第 2 期。

要是宗旨的非营利性和主办者营利动机之间的矛盾。许多主办者把设立民办非企业单位当成创业的手段——这实际上违背了民办非企业单位非营利的性质。这种情况与我国民办非企业单位设立时间不长、管理的法律法规和有关政策不完善以及自律机制不健全有关，为加强民办非企业单位自律与诚信建设，提升民办非企业单位的社会形象，提高民办非企业单位的社会公信力，扩大民办非企业单位的社会影响，2005年2月4日，民政部发出了《关于开展民办非企业单位自律与诚信建设活动的通知》，2006年1月4日，民政部出台了《关于进一步深入开展民办非企业单位自律与诚信建设活动的通知》，通知指出"自律和诚信建设，是解决民办非企业单位存在问题的重要措施，是进行长效管理的有效途径"。并提出"建立健全民办非企业单位的内部规章制度，完善信息披露制度，进一步开展提供优质服务、真情回报社会等多种形式的主题公益活动，完善服务承诺制，认真做好有关宣传工作，做好有关调查研究工作"等六项自律与诚信建设内容。这仅仅是从政策的层面上对民办非企业单位提出的要求，民办非企业单位做到真正的自律和诚信需要更具体的措施，如出台相关的行之有效的自律守则，以及实施民间行业自律行动方案等。笔者认为，应该坚持民办非企业单位机构的公益目的和非营利的原则，促进社会的进步和公正；坚持财务公开、工作透明的原则，每年公布年度报告，接受社会监督；坚持自主、自立原则，建立健全理（董）事会和有效的管理机构等。① 这些都是民办非企业单位在以后的发展中必须关注的。

---

① 谢玲丽主编《NGO在中国——2002年民间组织发展与管理上海国际研讨会论文集》，上海社会科学院出版社，2003，第441页。

（六）事业单位分类规范的制度选择之六：商事主体

与公益无涉的面向特定社会群体进行专业性服务的生产经营类事业单位可以转为商事主体，应用开发型科研机构、职业培训机构、社会中介机构、一般性艺术表演团体、新闻出版机构、广播电视机构、行业协会等都属于此类。

以目前的分类，事业单位绝大部分实行企业化管理、大部分自收自支及部分差额拨款，少量全额拨款的事业单位可以划分为此类。企业性质或者可以向企业转制的事业单位占全国事业单位总数的25%左右。比如青岛市的黄海饭店、青岛栈桥宾馆等，应该视作企业性质的事业单位。还有一些机构比如出版社、报社、电台、电视台、体育俱乐部也已经按照企业化模式运作，可以视为企业。再如国家机关服务机构由于长时间没有实行机关服务社会化，因此国家机关服务机构被赋予事业单位的法律地位，履行机关服务职能。笔者的看法是：随着政府职能的转变，机关服务可以采取外包的方法进行社会化，这样不但有利于降低机关服务成本，也有利于政企分开。国外甚至有把监狱外包给私人公司的做法，企业性质的事业单位宜在未来民法典中视为商事法人。

从产业法的角度，这类经营类事业单位所从事的行业应该属于现代服务业，也就是完全可以市场化的领域，可以引进多元的民商事主体参与相对充分的市场竞争。服务业作为一个成熟的市场化的行业，不但在国内经济生活中扮演着越来越重要的角色，而且在经济全球化的今天，服务业已经成为跨国贸易的重要组成部分。因此，原来计划经济时期形成的属于服务业范畴的机构，可以进行企业化的改造，同时在法律上放宽特定行业的政府许可，降低准入门槛，笔者认为这是经营性事业单位未来改革的一个制度思路。世界贸易组织的《服务贸易总协议》第1条从四个方面对国际服务贸易的定义进行了规定：跨界提供①、过境消费②、商业存在③和自然人的流动。服务贸易的内容十分广泛。根据关贸总协定乌拉圭回合关于服务贸易谈判时总协定秘书处开列的提交各缔约方参考的服务贸易项目清单，服务贸易涉及150多个项目。另根据《服务贸易总协议》的四条标准归类划分，大致有20多个领域。④ 我国政府代表自始至终参加了包括服务贸易在内的乌拉圭回合各项谈判，并在《服务贸易总协定》上签字承诺自己的义务。根据总协定的各项原则和国际惯例，在《外贸法》中增加了与WTO基本原则相一致的原则条款。《外贸法》第四章整章都是服务贸易的内容，此外第2条、第10条、第22条、第23条、第24条和第25条等条款都有涉及服务贸易的原则和规范。应该承认，事业单位所在的有些领域可以向特定的服务对象提供特定的服务内容，可以归为现代服务业的范畴，已经具备

---

① 跨界提供是由一个成员境内向另一个成员境内提供的服务。在这种形式下，服务提供者和被提供者分别在本国境内，并不移动过境。所以，这种服务提供方式，往往要借助远程通信手段，或者就是远程通信服务本身。例如，国际电话通信服务。

② 过境消费是指在一个成员境内向任何其他成员的消费者提供的服务。在这种服务提供形式下，服务的被提供者，也就是消费者跨过国境进入提供者所在的国家或地区接受服务。出国旅游、出国留学实际上都是接受的这种服务提供方式。

③ 商业存在是指通过一个成员的商业实体在任何其他成员境内的存在而提供的服务。这种商业实体或商业存在，实际上就是外商投资企业。其企业可以采取独立的法人形式，也可以仅仅是一个分支机构或代表处。在这里，服务的提供是以直接投资为基础的，其提供涉及资本和专业人士的跨国流动。例如，外资银行提供的服务就属于这种形式。

④ 这些领域包括：国际运输，包括卫星发射服务；跨国银行和国际性融资投资机构的服务及其他金融服务；国际保险与再保险；国际信息处理和传递；国际咨询服务；海外工程承包和劳务输出入；国际电信服务；跨国广告和设计；国际租赁；售后维修、保养和技术指导等服务；国际视听服务；国际会计师、律师的法律服务；文教卫生的国际交往服务；国际旅游；跨国商业批发和零售服务；专门技术和技能的跨国培训；长期和临时性国际展览与国际会议会务服务；国际仓储和包装服务；跨国房地产建筑销售和物业管理服务；其他官方或民间提供的服务，如新闻、广播、影视等。

了完全市场化的条件，那么这类事业单位可以转为商事主体。

在事业单位转为商事主体问题上，笔者有以下几点建议。

首先，那些与公益无涉的经营性事业单位，可以在明晰产权、保证国有资产不流失的前提下改制为企业法人，并遵守包括税法、竞争法、招标投标法等在内的法律框架。在这样的制度设计下，经营性事业单位可以转制成为企业法人，以商事主体身份从事营利性行为，那么其营利性行为就"师出有名"了。行政机关的后勤服务部门、公用事业的企业、一些中介服务主体就不应该继续占用事业单位的编制，可以改制成为企业法人或者其他商事主体。

其次，国家要逐步放开对相关事业领域所有制、组织类型的限制，大力引导鼓励社会力量举办这类事业。实际上，教、科、文、卫等事业单位传统领域的市场化程度已经很高了。教育方面，国内的民办教育发展迅猛，涌现了新东方教育集团、西安翻译学院这样实力很强的教育机构，国外的教育培训机构也纷纷打入中国教育培训市场，例如华尔街英语等；科研领域，国内的民办研究机构呈上升势头，有的已经发展到相当大规模，国外的著名研究咨询机构（例如麦肯锡）更是抢走了利润最大的市场；文化体制方面，在演出、影视、节目制作、图书策划出版等领域出现了国内外众多公司参与文化市场的竞争。比如十几年来，央视实施了频道扩张及超常规发展战略，使得编外人员数量一度为台聘职工人数的 2.8 倍，最多时达到 7000 人。现在，编外人员公司化改革是央视人事改革的主要组成部分；上海文广已经开始进行内部的调整和整合。资源整合战略、外向合作战略、结构调整战略是文广近来推行的三大战略。而三大战略的核心内容是全集团实行事业单位公司化运作、企业化管理。① 卫生领域内，国家允许医疗机构分类管理，医疗服务市场增加了提供多元化医疗服务的国内外医疗服务机构，满足不同的社会需要，例如专门做体检服务的北京慈铭体检中心。2000 年 2 月 16 日国务院体改办、国家计委、国家经贸委、财政部、劳动保障部、卫生部、药品监管局、中医药局联合下发的《关于城镇医药卫生管理体制的指导意见》明确指出要"打破医疗机构的行政隶属关系和所有制限制"，建立新的医疗机构分类管理制度，将医疗机构分为非营利性和营利性两类进行管理。现在我国已经开始对医院实行分类管理，即分为营利性医院和非营利性医院。这些医院的出现，直接推动了医疗服务业的竞争和医疗服务整体水平的提升，这些竞争表现在价格、人才、技术等方面。②

实践证明医疗服务业的分类管理模式是可行的，是有利于提高社会效益和经济效益两个效益的。对医疗服务业分类管理也是其他国家和地区的通行做法，例如我国台湾地区 20 世纪 80 年代，90%的医院为公立医院，之后实行了分类管理制度，到目前，65% ~ 70%的医院为民营医院。美国医疗行业同样实行分类管理，其营利性医院占到了60% ~ 65%。③ 现在客观上已存在以营利为目的的医院，比如中外合资医疗机构、股份制医院，北京市已有 25 家，这些医疗机构经营目的明确，就是在提供服务的同时追求利润。所以不分类将不利于医疗机构之间公平有序地竞争，因为合资和股份制医疗机构没有离退休人员的负担，政府举办的医疗机构在这方面负担

---

① 《央视启动人事改革 4500 编外人员实现公司化管理》，http://cul. sina. com. cn/s/2004 - 02 - 17/49385. html。

② 中央电视台《东方时空·时空连线》2002 年 4 月 17 日报道内容。

③ 来自中国台湾留美医学博士林高坤的学术报告，2002 年 4 月 5 日，清华创投有限公司。

沉重。1999 年 9 月 1 日开始实施的《公益事业捐赠法》明确规定，只有非营利性医疗机构才能享受捐赠、免税的优惠制度，可以无偿接受捐赠，营利性医疗机构不能无偿接受捐赠，所以医院分类管理是为了满足法律的要求。另外在国际上，凡推行市场经济的国家大部分都实行医疗机构分类管理，他们的经验对我们也有借鉴意义。这类目前拥有事业单位身份的主体可以不承担公共服务的职能，完全成为市场化的商事主体，参与特定服务的市场竞争。

最后，判断一个事业单位能否以商事主体的身份从事营利性活动，并不是单单凭其营利能力，而是考察国家设立该特定事业单位的目的和国家赋予该事业单位的职能。假使国家赋予公共服务职能，那么纵然拥有可以营利的资源优势，也断不可丢掉公共服务的职能，以商事主体的身份参与市场竞争，否则会造成公共资源滥用，导致公共服务水平下降；假使国家赋予纯服务或者经营职能，比如机关的后勤部门，与公共服务无涉，那么该类事业单位可以进行企业化改造，伴随政府职能的转变和后勤社会化的趋势，把这部分事业单位分离出去。当然，事业单位企业化过程里面，特别需要强调的是由于这部分事业单位的初始资产是国家作为单一主体投资的，所以一定要防止国有资产各种形式的流失。而一旦完成企业化的改造，便脱离事业单位的身份，成为普通的市场竞争主体，其业务渠道的拓展，也相应地由原来依靠相对垄断优势转变为依赖于市场的公平竞争。

参考文献

［1］《现代汉语词典》，商务印书馆，2002。

［2］赵立波：《事业单位改革——公共事业发展新机制探析》，山东人民出版社，2003。

［3］赖源河编审《公平交易法新论》，中国政法大学出版社，2002。

［4］王泽鉴：《民法总则》，中国政法大学出版社，2001。

［5］金锦萍：《非营利法人治理结构研究》，北京大学出版社，2005。

［6］〔美〕E. 博登海默：《法理学：法律哲学与法律方法》，邓正来译，中国政法大学出版社，1999。

［7］朱光磊：《当代中国政府过程》，天津人民出版社，1997。

［8］杨晓民、周翼虎：《中国单位制度》，中国经济出版社，1999。

［9］徐颂陶等：《神圣的天职——中国现代人事管理》，中国人事出版社，1996。

［10］佟柔主编《民法原理》，法律出版社，1983。

［11］佟柔主编《中国民法》，法律出版社，1990。

［12］江平主编《民法学》，中国政法大学出版社，2000。

［13］彭万林主编《民法学》，中国政法大学出版社，1999。

［14］尹田：《民事主体理论与立法研究》，法律出版社，2003。

[15]　刘岐山、徐武生：《法人》，法律出版社，1986。

[16]　苏力等：《规制与发展——第三部门的法律环境》，浙江人民出版社，1999。

[17]　康晓光：《创造希望——中国青少年发展基金会研究》，漓江出版社、广西师范大学出版社，1997。

[18]　史际春、邓峰：《经济法总论》，法律出版社，2001。

[19]　钱津：《特殊法人：公营企业研究》，社会科学文献出版社，2000。

[20]　黄恒学：《中国事业管理体制改革研究》，北京大学出版社，1998。

[21]　宋新中：《当代中国财政史》，中国财政经济出版社，1997。

[22]　刘建军：《单位中国——社会调控体系重构中的个人、组织与国家》，天津人民出版社，2000。

[23]　宋彪主编《经济监督案例教程》，中国人民大学出版社，2003。

[24]　〔美〕雅米尔·吉瑞赛特：《公共组织管理理论和实践的演进》，李丹译，上海译文出版社，2003。

[25]　邵金荣：《非营利组织与免税》，社会科学文献出版社，2003。

[26]　〔美〕里贾纳·E. 赫兹琳杰等：《非营利组织管理》，北京新华信商业风险管理有限责任公司译校，中国人民大学出版社，2000。

[27]　孙宪忠主编《民法总论》，社会科学文献出版社，2005。

[28]　吴志攀：《单位规则——我国社会存在的"第三种规则"》，载北京大学法学院编《江流有声·北京大学法学院百年院庆文存之民商法学、经济法学卷》，法律出版社，2004。

[29]　赵中孚主编《商法总论》，中国人民大学出版社，1999，第71页。

[30]　范建、王建文：《商法的价值、源流及本体》，中国人民大学出版社，2004。

［31］上海社会科学院法学所编译《各国宪政制度和民商法要览》（欧洲部分）（下），法律出版社，1986。

［32］杨光钦：《大学改革：功利的陷阱与出路》，社会科学文献出版社，2005。

［33］国家教委情报研究室编《今日日本教育改革》，北京工业大学出版社，1988。

［34］王利明、郭明瑞、方流芳：《民法新论》，中国政法大学出版社，1986。

［35］王利明主编《民法学》，复旦大学出版社，2004。

［36］〔日〕冈室美惠子：《日本民间非营利部门的现状及其对中国的启示》，《NGO 在中国——2002 年民间组织发展与管理上海国际研讨会论文集》，上海社会科学院出版社，2003。

［37］魏振瀛主编《民法》，北京大学出版社、高等教育出版社，2000。

［38］王利明主编《中国民法典草案建议稿及说明》，中国法制出版社，2004。

［39］〔意〕彼得罗·彭梵德：《罗马法教科书》，黄风译，中国政法大学出版社，2005。

［40］江平：《法人制度论》，中国政法大学出版社，1994。

［41］梁慧星：《民法总论》，法律出版社，2001。

［42］勒宝兰、徐武生主编《民事法律制度比较研究》，中国人民公安大学出版社，2001。

［43］谢哲胜、常鹏翱、吴春岐：《中国民法典立法研究》，北京大学出版社，2005。

［44］《中国民法典草案建议稿及说明》，中国法制出版社，2004。

［45］《意大利民法典（2004）》，费安玲等译，中国政法大学出版

社，2004。

[46]〔日〕富井政章：《民法原论》（第一卷），陈海瀛、陈海起译，中国政法大学出版社，2003。

[47] 郑云瑞：《民法总论》，北京大学出版社，2004 。

[48]《越南社会主义共和国民法典》，吴尚芝译，中国法制出版社，2002 。

[49]《蒙古国民法典》，海棠、吴振平译，中国法制出版社。

[50] 王泽鉴：《民法总则》，中国政法大学出版社，2001。

[51] 刘得宽：《民法总则》，台北五南图书出版公司，1996。

[52] 王小能主编《商法学》，高等教育出版社，2000。

[53] 刘文华：《中国经济法基础理论（1987 年手稿)》，学苑出版社，2002。

[54] 王名编《非营利组织管理概念》，中国人民大学出版社，2000 。

[55]〔日〕山本敬三：《民法讲义 I——总则》，谢亘译，北京大学出版社，2004。

[56] 宋大涵：《事业单位改革与发展》，中国法制出版社，2003。

[57]《事业单位法定代表人知识读本》，广西人民出版社，2003。

[58] 中央机构编制委员会办公室：《中国行政改革大趋势》，经济科学出版社，1993。

[59] 刘运珍主编《事业机构编制管理与改革》，河南人民出版社，1993。

[60] 王亚玲：《事业单位组织创新、制度创新和模式选择》，硕士学位论文，西北大学，2004。

[61] 世界银行：《中国：深化事业单位改革，改善公共服务提供》，《经济研究》2005 年第 8 期。

［62］朱光明：《政事分开与事业单位改革的路径选择》，《政治学研究》2006 年第 1 期。

［63］张红岩、侯庆方：《我国事业单位改革路径探析》，《中央财经大学学报》2006 年第 12 期。

［64］王键、张孝锋：《事业单位的科学分类原则及其改革思路》，《当代经理人》2006 年第 5 期。

［65］尉俊东、赵文红、万迪昉：《我国事业单位改革的方向与治理模式——基于受益人特质的非营利组织分类管理的视角》，《当代经济科学》2006 年第 2 期。

［66］杜廷文、乔世珊：《事业单位改革发展三要素：目标·机制·核心能力》，《建设机械技术与管理》2006 年第 3 期。

［67］宋昇：《事业单位薪酬制度改革路径探讨》，《经济师》2006 年第 12 期。

［68］龙献忠、邱跃华：《大学单位制改革的制度路径》，《高等工程教育研究》2006 年第 5 期。

［69］杨宇立：《事业单位改革：路径、分类与"夹生化"后果》，《社会科学》2007 年第 4 期。

［70］符钢战：《公共产品短缺与中国事业单位改革——兼论政府职能的第二次转变》，《学术月刊》2007 年第 1 期。

［71］谢斌：《事业单位改革的困境与路径选择》，《宁夏社会科学》2007 年第 2 期。

［72］唐晓阳：《深化事业单位改革必须注意运行机制的健全》，《广东行政学院学报》2007 年第 6 期。

［73］刘霞、李志：《我国事业单位制度变革的路向与策略——一个公共治理的分析框架》，《江苏行政学院学报》2007 年第 1 期。

[74] 周宇：《事业单位人事制度改革的思考》，《新疆石油教育学院学报》2007 年第 9 期。

[75] 张敬荣：《事业单位改革滞后原因探析》，《山东社会科学》2007 年第 1 期。

[76] 马格格：《新公共管理运动对我国乡镇事业单位改革的启示》，《中国集体经济》（下半月）2007 年第 10 期。

[77] 岳云龙：《从传统管理到现代治理——事业单位改革的目标取向及路径选择》，《中国行政管理》2008 年第 4 期。

[78] 冯华艳：《付费和激励：我国事业单位改革的路径选择》，《河南社会科学》2008 年第 5 期。

[79] 唐鋆赟：《公共财政视角下的事业单位改革研究》，硕士学位论文，贵州大学，2008。

[80] 张玉磊：《事业单位如何向非营利组织转化》，《党政论坛》2008 年第 10 期。

[81] 刘太刚、魏娜：《事业单位改革历程与经验总结，《河北学刊》2008 年第 4 期。

[82] 金进喜：《事业单位改革与地方治理——浙江省事业单位改革及其启示》，《社会科学论坛》（学术研究卷）2008 年第 5 期。

[83] 冯丽：《对深化我国事业单位改革的再思考》，《新西部》（下半月）2008 年第 12 期。

[84] 左然：《构建中国特色的现代事业制度——论事业单位改革方向、目标模式及路径选择》，《中国行政管理》2009 年第 1 期。

[85] 詹国辉、詹国彬：《事业单位改革的原则与路径选择》，《宁波经济》（三江论坛）2009 年第 6 期。

[86] 李兆宇：《事业单位改革研究》，硕士学位论文，吉林大学，2009。

［87］ 熊波：《深化事业单位改革的基本方向与路径选择》，《湖北社会科学》2009 年第 4 期。

［88］ 王孝海：《我国大部制改革面临的路径依赖及其对策研究》，硕士学位论文，曲阜师范大学，2009。

［89］ 贾智莲、孔春梅：《公共服务供给机制创新研究——兼评事业单位改革》，《中国行政管理》2009 年第 4 期。

［90］ 胡其图：《我国事业单位改革面临的阻力与对策》，《呼伦贝尔学院学报》2009 年第 17 期。

［91］ 徐婧雯：《公益性事业单位改革探究》，硕士学位论文，黑龙江大学，2010。

［92］ 竹立家：《事业单位改革难的症结》，《决策与信息》2010 年第 9 期。

［93］ 张秀玉、郭远远、贝森：《事业单位改革问题及对策研究》，《职业时空》2010 年第 6 期。

［94］ 张旭庆：《关于事业单位改革和发展问题研究》，硕士学位论文，天津大学，2010。

［95］ 徐育才：《事业单位改革与人力资源管理者角色的重塑》，《求索》2010 年第 1 期。

［96］ 王成东、刘刚：《事业单位分类改革中企业化路径研究》，《前沿》2011 年第 22 期。

［97］ 朱蕾：《深化事业单位改革的路径思考》，《芜湖职业技术学院学报》2011 年第 13 期。

［98］ 许建勇：《公益类事业单位改革路径探析》，《机构与行政》2011 年第 8 期。

［99］ 韩萍、赵立波：《事业单位及其改革：满意度、进展及路径——

基于调研得出的初步结论》，《山东行政学院学报》2011 年第 1 期。

[100] 倪超英：《关于推进吉林省事业单位分类改革的几点认识》，《行政与法》2011 年第 12 期。

[101] 尚虎平、于文轩：《从"职能革命"到公共机构改革——卡梅隆联合政府公共机构改革对我国事业单位改革的启示》，《财经科学》2011 年第 7 期。

[102] 蒋强、王小轲、廖远萍：《浅议我国事业单位改革过程中的价值取向》，《经营管理者》2011 年第 16 期。

[103] 刘小康：《建立事业单位法人治理结构的理论再探讨》，《北京行政学院学报》2015 年第 2 期。

[104] 江玉芬：《当前事业单位改革发展取向及路径的选择》，《中国管理信息化》2012 年第 15 期。

[105] 阳敏、张宇蕊：《公共事业单位改革路径演化：一个交易费用分析框架》，《中国软科学》2012 年第 12 期。

[106] 徐雪峰：《公益性事业单位管理模式变革研究》，硕士学位论文，南京大学，2012。

[107] 陈海云、袁夕花：《建立事业单位统一登记制度的思考》，《机构与行政》2014 年第 7 期。

[108] 高红、王红梅：《事业单位改革：基于公共产品理论的分析》，《福建行政学院学报》2010 年第 6 期。

[109] 周晓：《吉林省分类推进事业单位改革路径探索》，《北华大学学报》（社会科学版）2013 年第 14 期。

[110] 陈那波、卢亚伟：《中国事业单位精细化监管模式构建》，《中国行政管理》2010 年第 9 期。

［111］徐晓新、张秀兰、余晓敏：《公益类事业单位改革：来自社会企业的启示》，《北京师范大学学报》（社会科学版）2013年第5期。

［112］杨哲：《事业单位改革若干问题研究》，《经营管理者》2013年第2期。

［113］贾博：《公益性与自主性：公益类事业单位改革的双重价值目标》，《北京行政学院学报》2013年第6期。

［114］景小勇：《公益性文化事业单位改革路径探析》，《艺术评论》2014年第3期。

［115］陈海莹：《试论当前事业单位改革发展取向及路径的选择》，《中国市场》2014年第39期。

［116］杨洪刚：《事业单位管办分离改革的现实困境与路径选择》，《天津行政学院学报》2014年第16期。

［117］邹利敏：《关于事业单位分类改革路径的思考》，《中国财政》2014年第23期。

［118］林秀娟：《大部制视阈下的行政类事业单位改革研究》，硕士学位论文，厦门大学，2014。

［119］潘波：《以法治方式推进事业单位改革的路径分析》，《财经法学》2015年第4期。

［120］王琼：《事业单位改革路径依赖现象分析及对策》，《人才资源开发》2015年第18期。

［121］曾基友：《事业单位改革与发展的路径探讨》，《经营管理者》2015年第10期。

［122］石嘉莹：《公益类事业单位转型的路径分析——以公私合作模式的类型化分析为思维进路》，《法制与社会》2015年第

29 期。

[123] 周柯全：《我国事业单位的改革逻辑与路径研究》，硕士学位论文，东南大学，2016。

[124] 吴开松、侯尤峰：《公益类事业单位管理改革创新路径探析》，《学习与实践》2016 年第 6 期。

[125] 王琳琳：《事业单位管理体制改革方法探析》，《现代商业》2016 年第 36 期。

[126] 张志刚：《事业单位去行政化改革的文化分析》，《东北大学学报》（社会科学版）2015 年第 17 期。

[127] 苏雨、于新：《当前事业单位绩效工资改革的误区和基本路径》，《统计与管理》2016 年第 2 期。

[128] 顾倩：《当前事业单位绩效工资改革的误区和基本路径》，《经贸实践》2016 年第 17 期。

[129] 郭卫锋：《浅议生产经营类事业单位体制改革中的路径依赖》，《经贸实践》2016 年第 1 期。

[130] 龚俊朋：《事业单位去"行政化"困境及破解路径探析》，《河南科技学院学报》2016 年第 36 期。

[131] 易丽丽：《公益类事业单位与政府关系类型研究——基于四种类型典型案例改革的比较分析》，《中国行政管理》2016 年第 12 期。

[132] 黄照两：《事业单位岗位绩效工资改革的现状及思路创新探讨》，《经营管理者》2016 年第 24 期。

[133] 柳学信、董晓丽、孔晓旭：《政府购买公共服务体系构建与深化事业单位改革》，《经济与管理研究》2017 年第 38 期。

[134] 宁靓：《公共服务供给侧改革视角下的事业单位改革研究》，

《山东社会科学》2017 年第 1 期。

[135] 张葆晖：《浅论事业单位内部控制制度的建设》，《财会学习》2017 年第 2 期。

[136] 董杨：《政府购买公共服务与事业单位改革的一致性探讨》，《理论月刊》2016 年第 11 期。

[137] 苗大雷、李路路、王修晓：《事业单位的制度运行与国家基层治理——基于 M 学院中层干部竞聘上岗实践的分析》，《社会学评论》2015 年第 3 期。

[138] 马宇鑫：《事业单位人事管理向资源管理的转变研究》，《中国市场》2014 年第 31 期。

[139] 李小红：《事业单位档案保存和利用管理方法分析》，《科技与创新》2016 年第 20 期。

[140] 张焕英：《事业单位分类改革的几个难题》，《"落实科学发展观推进行政管理体制改革"研讨会暨中国行政管理学会 2006 年年会论文集》，中国行政管理学会，2006。

[141] 尉俊东、赵文红、万迪昉：《我国事业单位改革的方向与治理模式——基于受益人特质的非营利组织分类管理的视角》，《当代经济科学》2006 年第 2 期。

[142] 朱喜群：《深化事业单位改革的战略思考》，《行政论坛》2006 年第 3 期。

[143] 李鸥：《事业单位改革：理念、制度与组织——以教育、医疗改革为例》，《天津行政学院学报》2006 年第 2 期。

[144] 李小红：《从人的需求弹性的角度看事业单位分类改革》，《山西农业大学学报》2006 年第 S1 期。

[145] 成思危：《改革的核心是制度创新》，《资本市场》2008 年第

3 期。

[146] 张雅林：《顺应新形势新需要不断创新事业单位机构编制管理》，《中国机构改革与管理》2014 年第 Z1 期。

[147] 谢斌：《事业单位改革的困境与路径选择》，《宁夏社会科学》2007 年第 2 期。

[148] 赵子涛：《事业单位养老保险制度改革的几个基本问题》，《理论学刊》2011 年第 11 期。

[149] 刘太刚、邓婷婷：《参照公务员法管理事业单位将何去何从——对参公事业单位产生的原因及改革趋势分析》，《北京行政学院学报》2013 年第 2 期。

[150] 李春林、张国强、赵首军：《事业单位分类改革中面临的深层次问题及其启示——来自鄂尔多斯市和包头市事业单位分类改革的调研报告》，《中国行政管理》2008 年第 8 期。

[151] 王妮丽：《事业单位分类改革之辨析》，《经济研究导刊》2008 年第 18 期。

[152] 左然：《构建中国特色的现代事业制度——论事业单位改革方向、目标模式及路径选择》，《中国行政管理》2009 年第 1 期。

[153] 景朝阳：《中国事业单位的概念考察》，《生产力研究》2007 年第 24 期。

[154] 龚怡：《浅谈事业单位的分类改革》，《淮海工学院学报》（社会科学版）2009 年第 7 期。

[155] 李黎伟：《文化事业单位分类改革与治理模式研究》，硕士学位论文，中央民族大学，2009。

[156] 王凯：《事业单位固定资产累计折旧会计核算研究》，《工业

技术与职业教育》2014 年第 12 期。

[157] 罗艳俊：《政府收支分类改革对事业单位的影响》，《新疆农垦经济》2009 年第 6 期。

[158] 黄恒学、宋彭：《正确认识公益事业体制及公益事业单位改革》，《北京行政学院学报》2013 年第 3 期。

[159] 潘娟：《我国事业单位分类改革问题研究》，硕士学位论文，吉林大学，2009。

[160] 吴雪云：《事业单位分类改革中涉及医疗问题的应对与建议》，《经济师》2009 年第 8 期。

[161] 姜爱林：《事业单位养老保险制度改革为何困难重重——事业单位养老保险制度改革试点：推进状况、制约因素与破解对策》，《天津行政学院学报》2010 年第 12 期。

[162] 项风华、王逵昱：《浅谈住房公积金管理机构的事业单位分类问题》，《中国房地产》2010 年第 8 期。

[163] 郭小聪、聂勇浩：《事业单位分类改革：内在冲突及替代性方案》，《中国人民大学学报》2011 年第 25 期。

[164] 张国强：《事业单位分类改革之分类问题辨析——基于内蒙古事业单位分类改革实践》，《社会科学论坛》2011 年第 9 期。

[165] 张彩云：《依法稳妥推进事业单位分类改革的思考——以潍坊市为例》，《潍坊学院学报》2011 年第 11 期。

[166] 王成东、刘刚：《事业单位分类改革中企业化路径研究》，《前沿》2011 年第 22 期。

[167] 王为民：《新公共服务视角下的中国事业单位分类改革》，《中国乡镇企业会计》2011 年第 5 期。

[168] 宋世明：《事业单位将实行分类改革》，《学习月刊》2011 年第 9 期。

[169] 李文钊、董克用：《中国事业单位改革：理念与政策建议》，《中国人民大学学报》2010 年第 24 期。

[170] 李强：《地方事业单位分类改革研究》，博士学位论文，南京大学，2012。

[171] 李迪：《事业单位分类改革研究》，硕士学位论文，复旦大学，2012。

[172] 罗重谱、聂姣：《社区就业吸纳能力的影响因素及提升路径——基于武汉市青山区的实证调查与分析》，《学习与实践》2009 年第 2 期。

[173] 齐军：《事业单位分类改革前后会计处理比较分析》，《中国管理信息化》2016 年第 19 期。

[174] 王桂丽：《关于事业单位分类改革的思考》，《科技资讯》2012 年第 35 期。

[175] 刘莹：《事业单位分类改革问题研究》，硕士学位论文，山东大学，2012。

[176] 崔晓锋：《我国事业单位分类改革相关问题浅析》，《商丘师范学院学报》2013 年第 29 期。

[177] 甘卫斌：《深圳事业单位分类改革成效及问题初探》，《特区经济》2013 年第 8 期。

[178] 张金亮：《事业单位分类改革宏观视角分析》，《机构与行政》2013 年第 4 期。

[179] 田利：《公益服务视角下事业单位分类改革研究》，硕士学位论文，天津商业大学，2013。

[180] 管仲军：《面向现代公益事业组织的事业单位分类改革研究》，《北京行政学院学报》2014 年第 2 期。

[181] 程爽、孙红军、李红、滑志鹏：《事业单位分类改革问题研究》，《绿色科技》2014 年第 7 期。

[182] 何峥嵘：《从事业单位到事业法人》，《行政论坛》2015 年第 22 期。

[183] 孙莹：《浅析新会计制度下如何加强事业单位财务管理》，《财经界》（学术版）2016 年第 11 期。

[184] 冯会玲：《我国分类推进事业单位改革的问题》，《天水行政学院学报》2015 年第 16 期。

[185] 阮丽桃：《事业单位分类改革必要性问题探讨》，《企业改革与管理》2016 年第 10 期。

[186] 江礼义：《事业单位分类改革的实施模式及其未来选择》，《管理观察》2016 年第 30 期。

[187] 刘洪安：《事业单位分类改革的困境与策略解析》，《财经界》（学术版）2016 年第 22 期。

[188] 黄宜荣：《关于事业单位分类改革重大问题的理性思考》，《经济研究导刊》2016 年第 21 期。

[189] 吴斌才：《多重属性、混合供给与公益事业单位改革取向》，《重庆社会科学》2016 年第 2 期。

[190] 左海燕：《中国事业单位分类改革轨迹及走向判断》，《经营管理者》2016 年第 17 期。

[191] 寨利男：《事业单位的行政法地位研究》，硕士学位论文，中国政法大学，2006。

[192] 许英：《事业单位法人治理结构影响因素初探》，《经济师》

2008 年第 7 期。

[193] 孙晟：《事业单位法人治理结构研究》，硕士学位论文，山东大学，2008。

[194] 李玉兰：《关于事业单位法人治理结构构建的思考》，《商场现代化》2008 年第 13 期。

[195] 谢一帆：《法人治理结构：事业单位改革的新课题》，《兰州学刊》2008 年第 7 期。

[196] 黄晓洪、黄心华、李红梅：《法人治理下事业单位监督机制研究》，《商业时代》2009 年第 35 期。

[197] 徐澜波、李丹：《构建事业法人，明确民办非企业单位法律主体地位》，《上海财经大学学报》2009 年第 11 期。

[198] 廖克勤：《事业单位改革的法律思考》，《湖南人文科技学院学报》2010 年第 4 期。

[199] 左益洋、彭勃：《法人治理结构视域下的事业单位改革》，《中国商界》（上半月）2010 年第 8 期。

[200] 赵锟：《事业单位法人治理机制研究》，硕士学位论文，中国政法大学，2011。

[201] 姚伟达：《事业单位法人治理结构建设研究》，博士学位论文，中央民族大学，2011。

[202] 王立京：《科学建构法人治理结构的制度规范与保障回应"探索事业单位法人治理改革"》，《中国卫生人才》2011 年第 12 期。

[203] 李雅莉、王付林：《建立和完善事业单位法人治理结构的探析》，《决策探索》（下半月）2011 年第 4 期。

[204] 董红、王有强：《关于公立高校法律地位的思考》，《黑龙江

高教研究》2012 年第 30 期。

[205] 任进:《行政管理型事业单位及其改革》,《行政管理改革》2010 年第 8 期。

[206] 鹿国帅:《我国事业单位法人治理结构建设研究》,硕士学位论文,山东师范大学,2012。

[207] 郭加强:《昆明市公益类事业单位法人治理结构研究》,硕士学位论文,云南大学,2012。

[208] 姜鳕桐:《刍议事业单位法人治理结构的运行机制》,《辽宁省社会主义学院学报》2012 年第 1 期。

[209] 宋彭:《现代公益事业法人治理结构研究》,《陕西行政学院学报》2012 年第 26 期。

[210] 余俊毅:《论行政类事业单位的法律规制》,硕士学位论文,暨南大学,2013。

[211] 王侃:《事业单位法律地位研究》,硕士学位论文,西南政法大学,2013。

[212] 田甜:《论事业单位法人制度的重构》,硕士学位论文,山西大学,2013。

[213] 查竞春:《事业单位法人治理结构概念解析》,《特区实践与理论》2013 年第 1 期。

[214] 程辛荣、袁勇:《试点法人治理结构促进学校科学发展——广东食品药品职业学院探索事业单位法人治理结构》,《广东职业技术教育与研究》2013 年第 1 期。

[215] 高鹏程:《事业单位清算:法律地位和现实风险》,《行政管理改革》2014 年第 5 期。

[216] 李萌萌:《行政法视野下我国高校的法律地位研究》,硕士学

位论文，安徽大学，2014。

[217] 刘霞：《建立法人治理结构与事业单位改革》，《中共浙江省委党校学报》2014 年第 30 期。

[218] 叶伦、薛圣白：《事业单位法人治理结构建设对策——以浙江省事业单位法人治理结构试点改革为例》，《人民论坛》2014 年第 8 期。

[219] 燕杰贵：《事业单位法人治理结构的实践与探索——以东营市人民医院为例》，《机构与行政》2014 年第 4 期。

[220] 曹宝於：《建立和完善事业单位法人治理结构探析》，《决策》2014 年第 7 期。

[221] 姜蕙：《事业单位法人治理结构初探》，《机构与行政》2014 年第 6 期。

[222] 张智文：《事业单位改革的和谐之路》，《陕西行政学院学报》2014 年第 28 期。

[223] 戴珩：《文化事业单位法人治理结构的理论逻辑和实践路径》，《图书馆建设》2015 年第 2 期。

[224] 周详：《我国公立大学的法律属性与依法治教的推进》，《中国高教研究》2015 年第 1 期。

[225] 何峥嵘：《从事业单位到事业法人》，《行政论坛》2015 年第 22 期。

[226] 吕永邦：《事业单位法人治理结构模式与路径选择》，《中国武汉决策信息研究开发中心、决策与信息杂志社、北京大学经济管理学院"决策论坛——科学决策的理论与方法学术研讨会"论文集（下）》，中国武汉决策信息研究开发中心、决策与信息杂志社、北京大学经济管理学院，2015。

[227] 刘小康：《建立事业单位法人治理结构的理论再探讨》，《北京行政学院学报》2015 年第 2 期。

[228] 周晓梅、李学经：《事业单位构建法人治理结构的探索与思考——以广东为例》，《中国行政管理》2015 年第 7 期。

[229] 冯冰：《事业单位绩效工资考核发放浅见》，《改革与开放》2016 年第 19 期。

[230] 秦奥蕾：《以立法引领和推动事业单位法人治理结构改革》，《中国行政管理》2016 年第 8 期。

[231] 李治燕：《建立和完善事业单位法人治理结构的途径》，《现代企业》2016 年第 3 期。

[232] 廖敏、邹斌：《我国事业单位法人治理模式探析》，《中国商论》2016 年第 21 期。

[233] 刘安庆：《事业单位绩效考核：探索中的经验、问题与对策》，《机构与行政》2015 年第 5 期。

[234] 王相华：《公益性文化事业单位法人治理结构建设的浙江实践》，《文化艺术研究》2016 年第 9 期。

[235] 陈运雄、李亚玲：《事业单位法人治理结构建设的思考》，《求索》2016 年第 11 期。

[236] 王晓鹏：《完善事业单位法人治理与管理会计创新的路径研究》，《财经界》（学术版）2017 年第 5 期。

[237] 苗大雷、曹志刚：《国家治理现代化视野下的事业单位改革研究》，《武汉科技大学学报》（社会科学版）2017 年第 19 期。

[238] 张雅林：《审视事业单位的概念误区》，《中国行政管理》2003 年第 2 期。

[239] 路风：《单位：一种特殊的社会组织形式》，《中国社会科学》

1989 年第 1 期。

[240] 王沪宁：《从单位到社会：社会调控体系的再造》，《公共行政与人力资源》1995 年总第 1 期。

[241] 李猛等：《单位：制度化组织的内部机制》，《中国社会科学季刊》（香港）1996 年秋季卷总第 16 期。

[242] 李强：《国家能力与国家权力的悖论》，《中国书评》1998 年第 2 期。

[243] 李曙光：《关于事业单位改革的思考》，《中国改革》2004 年第 6 期。

[244] 徐进：《登记管理：事业单位"入市"的通行证——兼论建立事业单位登记管理制度的必要性和重要性》，《中国机关后勤》2000 年第 11 期。

[245] 世界银行：《中国：深化事业单位改革，改善公共服务提供》，《经济研究》2005 年第 8 期。

[246] 姜述俊：《市场经济条件下事业单位改革探讨与对策》，《机械设计与制造》2005 年第 4 期。

[247] 张雅林：《审视事业单位的概念误区》，《中国行政管理》2003 年第 2 期。

[248] 齐红：《单位体制下的民办非营利法人——兼谈我国法人分类》，博士学位论文，中国政法大学，2003。

[249] 徐进：《事业单位"入市"的通行证——兼论建立事业单位登记管理制度的必要性和重要性》，《中国机关后勤》2000 年第 11 期。

[250] 冯晨、孟勤芸：《事业单位登记管理面临的问题及对策》，《继续教育与人事》2001 年第 8 期。

[251] 李燕凌：《详论公共事业组织的本质特征》，《中国行政管理》2005年第1期。

[252] 范恒山：《事业单位改革（PSU）的新路径》，《财经界》2004年第5期。

[253] 高建勇：《构建反腐倡廉的财政制度基础》，《改革内参》2005年第5期。

[254] 任思洋：《公立学校何以财源滚滚》，《中国改革》2004年第12期。

[255] 余国源：《产业化——社会主义市场经济条件下教育体制改革的目标模式》，《西南师范大学学报》（哲学社会科学版）1995年第2期。

[256] 钟伟：《解读"新双轨制"》，《中国改革》2005年第1期。

[257] 饮冰：《经济学诸侯的营利之道》，《经济学家茶座》2005年第1辑（总第19辑）。

[258] 景朝阳、关添天：《也说命题老师办班热》，《改革内参》2005年第10期。

[259] 王关义：《出版社企业化将无法回避》，《中国改革》2005年第8期。

[260] 张勤：《事业单位改革的方向与对策分析》，《中国行政管理》2003年第10期。

[261] 黄恒学：《论现代事业制度及其主要特征》，《北京大学学报》（哲学社会科学版）1998年第5期。

[262] 熊进光、杨小军：《对我国民法典制定若干问题的思考》，《行政与法》2004年第10期。

[263] 马俊驹：《法人制度的基本理论和立法问题之探讨（上）》，

《法学评论》2004 年第 4 期。

[264] 张冬青：《完善我国法人分类的构想》，《世界标准化与质量管理》2005 年第 12 期。

[265] 周贤日：《法人和非法人组织分类简论》，《国家检察官学院学报》2004 年第 5 期。

[266] 王玫黎：《法人分类比较研究》，《西南师范大学学报》（人文社会科学版）2003 年第 2 期。

[267] 蔡磊：《论基金会的法律问题》，《学术探索》2003 年第 9 期。

[268] 马胜利：《外国的基金会制度》，《欧洲》1994 年第 1 期。

[269] 马昕：《非公募基金会及其管理体制研究》，《中国民政》2004 年第 6 期。

[270] 朱光明：《日本的独立行政法人化改革评析》，《日本学刊》2004 年第 1 期。

[271] 赵万一、叶艳：《论商主体的存在价值及其法律规制》，《河南省政法管理干部学院学报》2004 年第 6 期。

[272]《国务院关于机关和事业单位工作人员工资制度改革问题的通知》（国发〔1993〕79 号）。

[273] 张雅林：《中国事业单位改革和管理体制创新研究》，博士学位论文，北京大学，2002。

[274] 李崇义：《关于民办非企业单位立法的思考》，《中国民政》2003 年第 9 期。

[275] 任进：《民办非企业单位的若干法律问题》，《天津行政学院学报》2003 年第 2 期。

[276] 刘正安：《社会公益性企业发展现状及对策》，《渭南师范学院学报》2003 年第 3 期。

［277］ 焦津洪：《有限责任与公司集团》，《工业经济》1994 年第 11 期。

［278］ 刘东凯：《中国考虑实施事业单位改革预计涉及几千万人员》，http：//news. china. com/zh _ cn/domestic/945/20040324/11650799. html，2004 年 3 月 24 日。

［279］《中共中央关于制定"十一五"规划的建议》，新华网，2005 年 10 月 18 日。

［280］ 江平：《体育组织与体育运动中的民事法律问题》，法大新闻网，http：//news. cupl. edu. cn/news/2024_20041109080319. htm。

［281］ 王鸿：《事业单位改革的基本法律问题》，http：//theory. people. com. cn/GB/49150/49153/3918256. html，2005 年 12 月 6 日。

［282］《瞭望东方》周刊：《解析事业单位改革出路》http：//www. yunnan. cn 2004 - 11 - 11 13：11：26。

［283］ 和讯网，http：//topic. news. hexun. com/news/Less_1704. aspx。

［284］ 人民网，http：//www. people. com. cn/GB/jingji/1040/2795358. html。

［285］《两部委减少保险监管收费》，http：//finance. sina. com. cn 。

［286］ 马俊驹、曹治国：《守成与创新——对制定我国民法典的几点看法》，中国民商法律网，http：//www. civillaw. com. cn/weizhang/default. asp？id = 15458。

［287］ 梁慧星：《合作社的法人地位》，中国法学网，http：//www. io-law. org. cn/shownews. asp？id = 148。

［288］ 尹田：《关于民法总则中民事主体制度的立法思考》，中国法学网，http：//www. iolaw. org. cn/shownews. asp？id = 5565。

［289］《福特基金会的成长与发展简史》，http：//learning. sohu. com/20040825/n221734404. shtml。

［290］《民政部公布 2004 年民政事业发展统计报告》，中国 NPO 服务网，http//www. chinanpo. org/cn/member/stat/detail. php？id =21。

［291］中国地震局官方网站，http://www. cea. gov. cn/cea/jgsz/jgjj/index. asp。

［292］中国银监会网站，http://www. cbrc. gov. cn/mod_cn01/jsp/cn01-0001. jsp。

［293］国家电监会网站，http://www. serc. gov. cn/opencms/export/serc/government/index. html。

［294］杨团:《美国非营利机构管理》，中国社会学网，http://www. sociology. cass. net. cn/pws/yangtuan/grwj_yangtuan/shgzl-lyj/fzfzz/t20040818_2487. htm。

［295］乔枫:《非营利组织主体立法比较》，香港中文大学网站，http://www. usc. cuhk. edu. hk/wk_wzdetails. asp？id =3076。

［296］《德国培训见闻》，http://hunan. caiep. org/events/content. php？id =4187。

［297］《天津出台扶持公益性再就业组织暂行规定》，中国网，http://www. china. org. cn/chinese/difang/460453. htm。

［298］《天津出台扶持公益性再就业组织暂行规定》，中国网，http://www. china. org. cn/chinese/difang/460453. htm。

［299］赵泳、刘宁宁:《关于〈民办非企业单位登记管理暂行条例〉有关问题的初步思考》，http://www. mca. gov. cn/news/content/search/20041343855. html。

［300］中国劳动力市场信息网，http://www. lm. gov. cn/gb/faqs/2004 -05/26/content_33571. htm。

［301］《央视启动人事改革 4500 编外人员实现公司化管理》，http://

cul. sina. com. cn/s/2004 – 02 – 17/49385. html。

［302］ 景朝阳：《事业单位法人面临五大法律问题》，《检察日报》2005 年 11 月 28 日。

［303］ 蔡闻：《加强自律科学考评——高校负责人谈根治学术腐败》，《光明日报》2002 年 3 月 27 日。

［304］《审计报告追根溯源，央视财务改制升温》，《新京报》2005 年 7 月 12 日。

［305］《出版业：中外资本争抢最后一块牛排》，《中华工商时报》2002 年 4 月 8 日。

［306］《名校办民校明年要叫停》，《北京青年报》2005 年 11 月 29 日。

后　记

在中国人民大学法学院攻读博士学位的三年是我人生中最重要的时期。

在中国人民大学法学院读博期间，最该感谢的，是我的导师——当代著名民法学家郭明瑞教授。感谢先生将我收入门下作为博士生，使我有至为宝贵的机会在人大法学院汲取民法学术营养；感谢先生教导我正确的治学态度，掌握恰当的读书和思考的方法，养成良好的学术习惯；感谢先生在我写作本书的过程中给予的莫大鼓励和帮助。我想，感谢的最好方式莫过于朝着人品和学问的更高目标不断努力再努力。

在中国人民大学法学院读博期间，我有如此宝贵的机会近距离聆听名家学者的课程和学术报告，可以很方便地就学术方面的问题求教诸位当代法学大家。每一次听课、听报告，我都无比珍惜，笔记本上记录的点点滴滴，让我随时想起大师们的风采。感谢民商法学教研室的诸位教授：王利明教授、杨立新教授、姚辉教授、张新宝教授、叶林教授、王轶教授等。感谢第一学期教授"法学前沿"的诸位教授。这些从事法学研究的国内顶级学者，给求学若渴的博士生带来了堪称奢华的法学大餐——这样的学习经历，必将影响我们一生。

在中国人民大学法学院读博期间，我有幸结识同年级以及相近年级的多位法学博士生同学，这些可爱的同学，是我的良师益友，也是我学业三年收获的友谊。

最后，真诚感谢我的家人，他们为我付出了太多太多，家人永远是我的快乐源泉和精神动力。

景朝阳

图书在版编目（CIP）数据

中国事业单位：基于民事主体视角的研究／景朝阳

著．-- 北京：社会科学文献出版社，2018.4
ISBN 978 - 7 - 5201 - 2079 - 1

Ⅰ.①中… Ⅱ.①景… Ⅲ.①行政事业单位 - 研究 -
中国 Ⅳ.①D630.1

中国版本图书馆 CIP 数据核字（2017）第 327253 号

中国事业单位：基于民事主体视角的研究

著　　者／景朝阳

出 版 人／谢寿光
项目统筹／高　雁
责任编辑／颜林柯　刘　翠

出　　版／社会科学文献出版社·经济与管理分社（010）59367226
　　　　　地址：北京市北三环中路甲 29 号院华龙大厦　邮编：100029
　　　　　网址：www. ssap. com. cn
发　　行／市场营销中心（010）59367081　59367018
印　　装／三河市尚艺印装有限公司

规　　格／开　本：787mm × 1092mm　1/16
　　　　　印　张：15.5　字　数：186 千字
版　　次／2018 年 4 月第 1 版　2018 年 4 月第 1 次印刷
书　　号／ISBN 978 - 7 - 5201 - 2079 - 1
定　　价／79.00 元

本书如有印装质量问题，请与读者服务中心（010 - 59367028）联系